Dieses Büchlein ist meinem hochverehrten Lehrer Sri Ganapathi Sachchidananda Swamiji gewidmet.

Susanna Sarasin

Lerne verstehen, liebes Seelenkind

Die Deutsche Nationalbibliothek verzeichnet diese Publikation in der Deutschen Nationalbibliografie; detaillierte bibliografische Daten sind im Internet über http://dnb.dnb.de abrufbar.

© 2016 Susanna Sarasin

Herstellung und Verlag: BoD – Books on Demand, Norderstedt
ISBN: 978-3-7412-4288-5

Inhaltsverzeichnis

Vorbemerkung 7
Vorwort 9
Kapitel 1 – Entwicklung im allgemeinen Überblick 13
   1.1 Kognitive Entwicklung 14
   1.2 Emotionale und soziale Entwicklung.....................20
Kapitel 2 – Genetische Prägung 23
Kapitel 3 – Reifung..26
Kapitel 4 – Umweltfaktoren 31
Kapitel 5 – Lernen 38
   5.1 Allgemeiner Ablauf des Lernens 38
   5.2 Lernen durch Imitation...43
   5.3 Lernen durch Konditionierung 44
   5.4 Lernen durch Einsicht 45
   5.5 Welche Lernform ist die richtige?..........................45
   5.6 Erweiterung des Wissens durch Intuition 47
Kapitel 6 – Probleme in der Entwicklung........................49
   6.1 Einführung 49
   6.2 Genetik 51
   6.3 Reifung...51
   6.4 Lernen 52
   6.5 Umwelt 54
Kapitel 7 – Traumatologie 59
   7.1 Einführung 59
   7.2 Was ist ein Trauma?...61
   7.3 Folgen eines Traumas 63
   7.4 Behandlung von Traumen......................................64

Kapitel 8 – Spirituelle Entwicklung 70
   8.1 Einführung 70
   8.2 Unterscheidung zwischen Spiritualität und Religion 71
   8.3 Gründe, weshalb wir spirituell aktiv sein sollten 72
   8.4 Herausforderungen der Spiritualität 73
   8.5 Annäherung an einen spirituellen Weg 76
   8.6 Wozu ein spiritueller Lehrer dienlich ist 82
   8.7 Die Wahl eines spirituellen Lehrers 89
   8.8 Was den Suchenden auf dem spirituellen Pfad erwartet 92
   8.9 Beispiel aus meinem Leben 94
   8.10 Kernpunkte eines Heilungswegs 97
   8.11 Ausblick 99
Anhang 100
   A. Literaturverzeichnis 100
   B. Bände 1, 3 und 4 101

Vorbemerkung

Vor 2 Jahren hielt ich voller Ehrfurcht meine frisch gedruckten Erstlingswerke – die Bände 1 und 2 – in den Händen. Je 220 Exemplare hatte ich herstellen lassen, die ich in der Folge in meiner Praxis zum Selbstkostenpreis verkaufte. Von beiden Büchern habe ich nur noch einige wenige Stücke. Inzwischen sind zwei weitere Bände hinzugekommen, Nummer 5 ist am Entstehen. Weil die ersten beiden Bände nach wie vor gefragt sind, entschloss ich mich, diese nun öffentlich via Buchhandel zugänglich zu machen. Zuvor wollte ich sie aber überarbeiten. Dabei merkte ich, dass ich einiges ein bisschen anders schreiben oder formulieren würde. Nach einem inneren Ringen entschloss ich mich zu folgendem Vorgehen:

Ich lasse die Bücher weitgehend in ihrer ursprünglichen Form bestehen. Man darf ruhig meine Entwicklung erkennen, die ich während des Schreibens der Bücherreihe durchlief. Einige fehlerhafte Stellen bereinigte ich allerdings. Ebenso gab es diverse inhaltliche Anpassungen: mehrere in Band 1, weil betroffene Personen dies so wünschten, und einige (besonders in Band 2) wegen eines besseren Verständnisses des Textes. Zudem ergänzte ich Band 2 mit einem Anhang (Literaturangaben und Angaben zu den Bänden 1, 3 und 4). Ich hoffe, damit einen goldenen Mittelweg gefunden zu haben.

Vorwort

Endlich, es schreit!

Erleichtert und freudig nehmen alle anwesenden Personen den ersten Schrei zur Kenntnis. Ein neues Leben hat auf diesem Planeten seinen Anfang genommen. Da liegt es nun, das eben geborene Baby, schrumpelig, hilflos, gezeichnet vom anstrengenden Weg aus seinem geschützten Raum in eine riesige Welt. Zum Glück sind hier die vertrauten Energien der Mutter, die Geborgenheit vermitteln.

Selig schliesst die Mama ihr Kind in die Arme, erleichtert, dass alles gut gelaufen und der Säugling gesund ist.

So oder ähnlich wiederholt sich dieses Wunder täglich unzählige Male auf dieser Welt. Wir kennen es und haben Formen gefunden, damit umzugehen. Jede Gesellschaft, jede Kultur handhabt das Ereignis auf ihre eigene Art. Und so ist das Fortbestehen der Menschheit gesichert.

Aber ist das alles? Ist das die ganze Wahrheit? Oder steckt da vielleicht doch mehr dahinter, als auf den ersten Blick sichtbar ist?
Je länger ich auf dieser Erde weile, umso mehr komme ich zur Einsicht, dass das Sichtbare lediglich die Spitze eines riesigen Eisbergs ist. Dahinter scheint ein Apparat zu stecken, der für uns wohl ein Vielfaches zu gross und komplex sein dürfte, als dass wir ihn mit unserem beschränkten Geist erfassen könnten. Aber es ist immerhin möglich, ein Zipfelchen davon zu erhaschen und zu verstehen.

Was führt mich zu der Annahme, dass hinter unserer irdischen Existenz Prozesse ablaufen, von denen wir keine oder nur wenig Ahnung haben? Sehr einfach: ich arbeite mit einem Teil dieses unsichtbaren Elements. Wenn es nicht existieren würde, wäre meine Therapie eine Farce und die Wirkung reiner Zufall. Da ich aber recht treffsicher auf viele Probleme meiner Klienten eingehen kann und meine Erfolgsquote weit über dem Zufall liegt, muss das immerhin zu denken geben. Sehr spannend wird es beispielsweise, wenn schwangere Frauen in meine Praxis kommen. Je nach dem, wie gut das werdende Wesen seine Seelenenergie schon mit dem Embryo verbunden hat, kann ich es mehr oder weniger klar spüren, mit ihm „sprechen" und sogar schon Probleme von ihm bearbeiten, die es dann nicht mehr mit auf diese Erde nehmen muss. Dass dies funktioniert, konnte ich schon mehrfach erfahren. Ganz besonders eindrücklich war es bei einer Frau, der es während der Schwangerschaft so schlecht ging, dass sie wegen ihrer Angstzustände sogar vorübergehend in die Klinik eintreten und während der ganzen Zeit teilweise starke Medikamente nehmen musste. Nach allen Regeln der bisherigen Erkenntnisse müsste das Kind ziemlich geschädigt sein. Wir arbeiteten aber in all den schweren Wochen sehr hart und nach einer wunderbaren Geburt erfreut sich die junge Mutter nun einer gesunden Tochter, die lebhaft und bestens entwickelt ist.

Auch bei Babys, die jeweils kurz nach der Geburt zu mir gebracht werden, gibt es etliche Möglichkeiten, ihnen zu einer besseren Grundlage für das bevorstehende Leben zu verhelfen. So kann ich beispielsweise sehr gut wahrnehmen, ob es der Seele gelungen ist, ihre Energie mit dem Körperchen zu verbinden. Oft besteht eine gewaltige Schieflage bzw. die Energien konnten nicht wirklich in den Körper integriert werden. Wenn dies nicht behoben wird, entstehen später Probleme wie mangelndes Selbstvertrauen, Ängste, Hyperaktivität, Depressionen und vieles mehr. Dass in diesem frühen Alter das System schon aus dem Gleichgewicht geraten ist, weist meistens auf Stresssituationen bei der Zeugung, der Schwangerschaft und/oder der Geburt hin. Dort wurde das Wesen offensichtlich mit Einflüssen konfrontiert, die es nicht wirklich zu meistern vermochte. So war es ihm unter den gegebenen Umständen nicht möglich, einen optimalen Energiefluss aufrecht zu erhalten. Zum Glück können solche Störungen in der Regel einfach behoben werden, womit die Eltern normalerweise eine deutliche Veränderung im Verhalten ihres Kindes erleben. So vieles wäre so einfach machbar. Leider besteht noch kein grosses Verständnis von solchen Möglichkeiten in der Medizin und der Gesellschaft, womit häufig erst Hilfe gesucht wird, wenn die Probleme sich bereits im Leben manifestiert haben.

Immer mehr Menschen beginnen aber zu erkennen, dass es noch mehr gibt als nur die greifbare Materie. In dieser Hinsicht finden grosse Bewusstseinsveränderungen statt. Ich denke, dies ist ein normaler Teil der Evolution, die uns mehr und mehr zu einer Erweiterung unserer Sicht der Dinge treibt. Gegenwärtig sind auf jeden Fall Entwicklungen und Lernprozesse in grösserem Stil auf der Erde in Gang. Auch ich bin Teil davon. Dabei bin ich nicht die Erste und werde auch nicht die Letzte sein, welche sich über diese „unsichtbaren" Bereiche Gedanken macht, sie erforscht und mit ihnen arbeitet.

Der erste Band dieser Buchreihe beschreibt meinen Prozess, der mich auf diesem Weg immer weiter führte, sehr detailliert. Doch welche Mechanismen führen überhaupt zu einer solchen Entwicklung? Wie und warum können diese Mechanismen gestört werden? Wie lassen sich Störungen gegebenenfalls auflösen?

In diesem Band sollen theoretische Grundlagen zu den entsprechenden Themen dargestellt werden. Allerdings folgt nun keine wissenschaftliche Abhandlung, sondern ich versuche, einige Fakten sehr einfach und verständlich zu beschreiben. Als Grundlage dafür dienen mir vor allem folgende Quellen (s. auch Literaturverzeichnis im Anhang):

- Die Werke von *Jean Piaget* über die Entwicklung des Kindes;
- „Bedeutungsentwicklung beim Kind" sowie „Sprachentwicklung beim Kind" von *Gisela Szagun* als wichtiger Teil der gesamten Entwicklung;
- die Ausbildung sowie die Bücher von *Peter Levine* bezüglich Trauma;
- Internetrecherchen.

Die Bücher der beiden erstgenannten Autoren studierte ich sehr eingehend während meiner Ausbildung zur Logopädin und beim Abfassen meiner Dissertation an der Uni Fribourg (1989 – 1996). Mit Peter Levine kam ich im Rahmen meiner Schulung zur Traumatherapeutin (2004 – 2007) in Kontakt und besuche auch jetzt noch regelmässig seine Weiterbildungskurse.

Folgende Themen werden in den nächsten Kapiteln behandelt:

- Entwicklung beim Kind, aber auch beim Erwachsenen, zuerst als allgemeiner Überblick.

- Detailliertere Betrachtung der einzelnen Komponenten der Entwicklung: genetische Anlagen, Reifung, Lernen, Umweltfaktoren.
- Störungen der Entwicklung in allen beschriebenen Teilbereichen.
- Weil Traumen ein wichtiger Störfaktor in unseren Leben sind, wird dieses Thema in einem eigenen Kapitel dargestellt.
- Am Schluss wird die spirituelle Entwicklung genauer betrachtet, denn dieser gilt ja mein eigentliches Interesse. Ein allgemeines, vertieftes Verständnis davon ist Hauptmotivation für mich, diese Seiten zu schreiben.

Nun hoffe ich, dass mit dem zweiten Band die Inhalte des ersten Büchleins vertieft verstanden werden können. Gleichzeitig sollen die beiden Werke die Leser befähigen, über ihre eigene Entwicklung mehr Klarheit zu bekommen. Möglicherweise kann auch die Entstehung persönlicher Probleme erkannt und ein Ansatz zur Lösung gefunden werden. Sollte dies gelingen, hätte ich mit meinem Schreiben mehr erreicht, als ich ursprünglich beabsichtigt hatte. Das wäre natürlich wunderbar!

Und nicht zuletzt bildet Band 2 eine Grundlage dafür, die Inhalte von Band 3 zu verstehen. Doch davon später (siehe Kapitel 8 – Spirituelle Entwicklung).

Kapitel 1 – Entwicklung im allgemeinen Überblick

Zum Thema Entwicklung gibt es viel Forschung und ebenso viele Theorien. Heute breit anerkannt ist die Erkenntnis, dass Entwicklung das Ergebnis einer Wechselwirkung der folgenden Faktoren ist: *genetische Prägung*, *Reifung*, *Umwelt-Einflüsse* wie Gesellschaft und Erziehung sowie *Lernprozesse*. Sie findet immer dann statt, wenn ein Organismus im Austausch mit der Umwelt steht und bestrebt ist, sich dieser Umwelt anzupassen. Letzteres ist nötig, denn sonst kann er darin nicht überleben.

Um dies zu verbildlichen, kann man sich vorstellen, ich wäre in Alaska statt in der Schweiz auf die Welt gekommen. Auch wenn meine Erbanlagen dieselben wären, würden die Einflüsse meiner Umgebung eine andere Entwicklung in mir bewirkt haben. Dank meiner Bestrebungen mich anzupassen, hätte sich mein Körper an die klimatischen Bedingungen gewöhnt, ebenso an die spezielle Form der Ernährung. Mein Verhalten sowie mein Wissen wären von der dortigen Gesellschaft geprägt. Dieser Aspekt ist wichtig, denn in jedem Volk herrschen andere Bräuche. Zudem besteht ein grosses überkommenes Wissen, wie man mit den speziellen Naturgegebenheiten zurechtkommen kann. Durch meine Anpassung wäre ich schlussendlich in der Lage, mir an diesem Ort eine Existenz aufzubauen.

Damit ein Austausch mit der Umwelt und eine Anpassung möglich sind, braucht es verschiedene Prozesse. Diese beschreibt Jean Piaget sehr detailliert in seinen Werken. Dabei beschränkt sich der Autor vorwiegend auf das Studium der kognitiven (geistigen) Entwicklung. Diese beinhaltet alle informationsverarbeitenden Prozesse wie Wahrnehmung, Aufmerksamkeit, Erinnerung etc. Dank dieser Fähigkeiten sind wir überhaupt erst in der Lage, die Welt rund um uns wahrzunehmen und verstehen zu lernen. Das wiederum ermöglicht es uns, mit den Gegebenheiten in eine Beziehung zu treten, auf sie zu reagieren, sie zu verändern und anderes mehr. Die kognitive Entwicklung ist also grundlegend dafür, dass wir ein selbstbestimmtes Leben aufbauen können. Deshalb ist es wichtig, dass wir diese Abläufe verstehen. Aus diesem Grund beschreibe ich sie in der Folge recht ausführlich. Später umreisse ich jedoch auch die emotionale und soziale Entwicklung kurz, denn diese Bereiche sind ebenso für eine gesunde Entfaltung der Persönlichkeit von grosser Bedeutung.

1.1 Kognitive Entwicklung

Bei der kognitiven Entwicklung gibt es gemäss Piaget sogenannte *variable (veränderliche)* und *invariable (unveränderliche)* Elemente.

Beginnen wir mit den Unveränderlichen: dies sind Prozesse, die immer gleich verlaufen. Zum einen handelt es sich um die *Anpassung*, zum andern um die *Organisation*.

Bei der *Anpassung* geht es darum, dass ich alle Wahrnehmungen so einordnen kann, dass sie für mich einen Sinn ergeben. Dafür muss ich bereits entsprechende Hirnstrukturen aufgebaut haben. Wenn ich also beispielsweise einen Baum sehe, muss dafür ein gespeichertes Wissen vorhanden sein, nur so kann ein Erkennen stattfinden. Ich müsste folglich schon mit Bäumen in Kontakt gekommen sein und in mir entsprechende Erinnerungen tragen. Erst dann könnte ich sagen: „aha, das kenne ich, das ist ein Baum."

Obschon die Bäume recht unterschiedlich aussehen, bin ich meistens in der Lage, einen Baum korrekt als Baum zu deuten. In der Regel werden nämlich Details ausgeblendet. Es reicht mir, wenn das wahrgenommene Gewächs in groben Zügen einem Baum gleicht. Mein inneres Baum-Schema verlangt z.B. lediglich, dass das, was ich sehe, einen bräunlichen Stamm und eine grüne Krone hat, aufrecht steht und in der Erde verwurzelt ist.

Was geschieht nun aber, wenn ich einen Baum zum ersten Mal sehe? In diesem Fall fehlt mir nämlich ein entsprechendes inneres Bild. Also muss ich mir erst eines erarbeiten. Dafür suche ich in einem ersten Schritt nach bereits vorhandenes Wissen. Vielleicht kenne ich schon Blätter von anderen Pflanzen her, ebenso sind mir ev. die Farben Grün und Braun bekannt. Auch die Verwurzelung eines Gewächses in der Erde und der aufrechte Stand sind mir nicht neu. Meine Wahrnehmung kann ich also bereits teilweise so einordnen, dass sie Sinn ergibt (Anpassung). Dieses Vorwissen bildet eine grobe Basis eines inneren Bildes, in das ich nun die für mich neuen Aspekte integrieren kann. Dies könnte möglicherweise die raue Rinde sein, der ich noch nie begegnet bin. Nun verfüge ich bereits über ein ganz brauchbares Baum-Schema. Allerdings befähigt es mich noch nicht, einzelne Baumsorten zu unterscheiden, dafür müsste ich meine Gehirnstrukturen noch ausdifferenzieren. Beispielsweise könnte ich die Form der Blätter zu studieren beginnen, ebenso die unterschiedlichen Musterungen der Baumstämme. Schliesslich würden mir vielleicht ein Ahorn-, ein Birken- und ein Tannenschema zur Verfügung stehen, alle als untergeordnete Einheiten der Hirnstruktur „Baum".

Bei diesen Ausführungen wird auch der zweite Aspekt der invariablen Elemente deutlich, die *Organisation*: wenn ich etwas Neues erfahre, suche ich – wie bereits beschrieben – in meinem ganzen Wissen zuerst nach bereits vorhandenen Wissenseinheiten, die zu diesem Thema passen. Dann füge ich sie neu zusammen und ergänze sie. So können sich meine Hirnstrukturen stets erweitern und komplexer werden. Das wiederum erlaubt mir, mehr und differenzierter wahrzunehmen und folglich ein noch grösseres Wissen aufzubauen, beispielsweise eben über die Bäume.

Diese Prozesse laufen ständig in uns ab, ohne dass wir uns ihrer bewusst sind. Ziel des Ganzen ist ein Streben nach Gleichgewicht. Das bedeutet, dass ich schlussendlich für jede Erfahrung und jede Wahrnehmung das entsprechende Wissen in mir trage. Es gäbe dann nichts mehr, das ich nicht wüsste, ich hätte die Umwelt perfekt in mir abgebildet. Nachdem dies ja nie der Fall sein wird, weil wir dauernd wieder auf Dinge stossen, die wir nicht wissen, kann der Organismus nur danach streben, ohne das Gleichgewicht je zu erreichen. Dieses Streben ist aber wichtig, denn es stellt sicher, dass mein Lernen immer weiter geht. So kann ich mich an die Umwelt immer wieder soweit anpassen, dass ich sie verstehe und mich gut in ihr bewegen kann. Wenn ich aufhören würde zu lernen, würde ich eines Tages in einer Welt stehen, von der ich die Hälfte nicht begreife. Wir sehen dieses Phänomen z.B. bei Leuten, die selten reisen und damit den rasanten technischen Fortschritt in diesem Bereich nicht mitbekommen. Sie stehen dann vor Billett-Automaten am Bahnhof oder vor den Geräten am Flughafen und haben keine Ahnung, wie all dies funktioniert und wie sie damit umzugehen haben. Reisen an sich wäre nicht das Problem, sie wissen, was das bedeutet: in den Zug oder in das Flugzeug einsteigen und sich an einen anderen Ort bringen lassen. Aber für das ganze Drumherum haben sie zu wenige Gehirnstrukturen aufgebaut, die ihnen helfen würden, es zu verstehen und damit umzugehen. Wir müssen also darum bemüht sein, in einem minimalen Mass mit der Umwelt in einem Austausch zu bleiben, bei dem wir auch gefordert sind, unser Wissen zu erweitern.

Damit ist eigentlich auch schon erklärt, was die *veränderlichen* Teile in einer Entwicklung sind. Es handelt sich hier u.a. um die Hirnstrukturen, die einem steten Wandel unterworfen sind. Wenn ich 40 Jahre alt bin, sind sie nicht mehr die Gleichen wie mit 20. Etwas später sind sie wieder verändert. Meine Erfahrungen sind reicher geworden, mein Wissen grösser. Damit verfüge ich über bessere Möglichkeiten, mit den Einflüssen aus meiner Umwelt umzugehen.

Wie und wann beginnt nun aber der Aufbau solcher Strukturen? Bereits kurz nach der Zeugung eines Kindes setzen hochkomplexe Prozesse ein. Dadurch entstehen erste erkennbare Strukturen, nämlich die Ansätze des Nervensystems in Form der Wirbelsäule und des Hirns. Durch Vermehrung und Spezialisierung von Zellen wird diese Basis ausgebaut und mit zusätzlichen Körperstrukturen erweitert, die sich nach und nach entwickeln. Erblickt das Kind nach etwa 9 Monaten Schwangerschaft das Licht der Welt, verfügt es bereits über eine gewisse Grundlage, die aber noch recht rudimentär ist.

Beispielsweise erachtet man es als erwiesen, dass ein Neugeborenes alles nur verschwommen und schwarz-weiss sehen kann. Zudem sind die Augen noch nicht fähig, ein Ziel länger zu fixieren, sie wandern immer weiter. All die Dinge, die das Baby wahrnimmt, kann es nicht wirklich erkennen, es nimmt einfach ihre Gestalt wahr. Um diesen eine Bedeutung geben zu können, müsste es bereits eine Erfahrung mit ihnen gemacht haben.

Ebenso wenig wie die Augen kann der Säugling die Bewegungen von Armen und Beinen kontrollieren. Eine stabilere Basis bilden die angeborenen Reflexe wie der Saugreflex. Dieses motorische Muster ist perfekt ausgebildet und sichert dem Kind das Überleben.

Obschon in den ersten Wochen eines Babys vieles ziellos wirkt, hinterlässt sein Tun erhebliche Spuren im Nervensystem. Alle Aktionen und deren Ergebnisse werden gespeichert und verarbeitet. Es entstehen stabile Vernetzungen im Nervensystem, die dem Kind allmählich erlauben, seine Bewegungen zu lenken und zu koordinieren.

In derselben Art und Weise werden die Sinne ausgebildet. Ständiges Üben lässt Hirnstrukturen entstehen, die eine Schärfung unserer Wahrnehmungsleistungen zur Folge haben.

Für all die verschiedenen Leistungen sind spezielle Hirnareale zuständig, die sich rasant entwickeln und sich miteinander vernetzen. So gelingt es dem Baby mit der Zeit, zielgerichtete Bewegungen mit seinen Sinneswahrnehmungen zu verknüpfen, z.B. Greifen und Sehen: Damit kann es dann treffsicher nach Gegenständen greifen, die es mit den Augen fixiert.

In dieser frühen Zeit lebt das Kind noch völlig im Moment, ein Vorher und Nachher gibt es nicht. Dafür müsste es nämlich in der Lage sein, sich eine Vorstellung von Dingen und Abläufen zu machen. Damit dies überhaupt möglich ist, muss es Begriffe bilden. Wie dies geschieht, wurde bereits beim Beispiel „Baum" ansatzweise erklärt. Hier noch eine Vertiefung dieser Erläuterungen:

Ein Begriff entsteht, wenn wir verschiedenste einzelne Erfahrungen speichern und so zusammensetzen, dass daraus eine Ganzheit entsteht wie z.B. das Abbild eines Gegenstandes.

Nehmen wir einmal an, das Kind hat einen weichen Spielball. Es nimmt ihn in den Mund, zerquetscht ihn in den Händen, wirft ihn aus dem Bettchen, spürt die weiche Beschaffenheit, die samtene Oberfläche, sieht seine Gestalt, die Farbe etc. All diese Fakten werden im Gehirn gespeichert sowie miteinander verknüpft und ergeben schliesslich eine Ganzheit „Ball". Nebenbei werden aber auch Begriffe wie „weich", „leicht" und „rund" gebildet. Je differenzierter die Erfahrungen mit dem Spielzeug sind, umso detaillierter ist der Begriff. So baut es von allen Gegenständen in seinem Lebensfeld sowie von Handlungsabläufen Begriffe, die gespeichert werden. Damit wird es befähigt, sich mit der Zeit Aktionen und Dinge vorzustellen, auch wenn sie nicht mehr sicht- und greifbar sind. Dies ist wiederum die

Grundlage für abstraktes Denken, das beispielsweise für die Aufnahme von Schulstoff eine Bedingung darstellt.

Begriffe beinhalten nicht nur Erfahrungen, sondern in der Regel auch eine entsprechende sprachliche Einheit wie das Wort „Baum". Damit dies möglich ist, muss sich parallel zu verschiedenen Entwicklungsbereichen auch die Sprache entfalten. Bei dieser wird der gesamte Entwicklungsprozess sehr schön sichtbar, deshalb hier ein kleiner Einblick:

Am Anfang bildet das Baby verschiedenste Laute. Je nach dem, welche Sprache es täglich hört, beginnt es diese Laute zu selektionieren und zu spezialisieren. Wiederholt wahrgenommene Laute werden mehr und mehr benützt, solche, welche im Alltag nicht vorkommen, verschwinden langsam. Dabei spielt die Nachahmung eine wichtige Rolle. Zudem wird das Angleichen der Laute an die Muttersprache dadurch angeregt, dass Bezugspersonen entsprechende Äusserungen in der Regel gezielt verstärken und mit vermehrter Aufmerksamkeit belohnen. So entstehen dann schliesslich die ersten Worte wie „Mama".

Ein Wort für sich allein ist aber nicht sehr nützlich. Das erworbene Lautgefüge muss mit einem entsprechenden Begriff verknüpft werden. Schliesslich nützt es mir auch nichts, wenn ich einzelne chinesische Wörter auswendig lerne, dabei aber keine Ahnung habe, was sie bedeuten. Wie sich Begriffe und Worte koppeln, verdeutlicht folgendes Beispiel:

Eine Mutter geht mit ihrem Kind spazieren. Dabei zeigt sie ihm Kühe auf einer Wiese. Während sie auf die Tiere deutet, sagt sie „muh". Das Kind verknüpft folglich dieses „Ding mit vier Beinen" mit dem Wort „Muh". In der Folge weiss es: Vier Beine auf einer grünen Wiese ist „Muh". Am nächsten Tag sehen die beiden vielleicht auf einer anderen Weide Schafe. Das Kind zeigt auf die Geschöpfe und sagt „Muh". Nun berichtigt die Mutter und sagt „Mäh". Damit stürzt sie das Kind in ein Ungleichgewicht, seine Welt stimmt nicht mehr. Offensichtlich gibt es „Dinge mit vier Beinen" auf der grünen Wiese, die „Muh" heissen und solche, die „Mäh" heissen. Das ist verwirrend. Um sein Gleichgewicht wieder herzustellen, muss das Kind erkennen, dass sich Muh und Mäh in verschiedenen Merkmalen unterscheiden, nämlich z.B. in der Grösse und der Fellbeschaffenheit.

Allmählich wird es sich dadurch einen differenzierten Begriff einer Kuh machen, so dass es sie klar von anderen Tieren unterscheiden kann. Zudem entdeckt es möglicherweise, dass dieses Tier auch dann noch ein „Muh" ist, wenn es im Stall statt auf der Weide steht. Zu einem anderen Zeitpunkt merkt es vielleicht, dass ein „Muh" nicht unbedingt gefleckt sein muss, sondern auch braun sein kann, dass Hörner nicht zwingend dazugehören und anderes mehr.

Schon jetzt wird sichtbar, dass es eine recht komplizierte Leistung ist, sich Begriffe sowie die Sprache aufzubauen. Das alles kann nur erfolgen, weil wir die dafür notwendigen Hirnstrukturen in uns tragen. Tiere beispielsweise sind zu solchen Leistungen nicht fähig (diese Aussage darf aufgrund neuer Studien gerne hinterfragt werden).

Das Ganze wird nun aber noch sehr viel komplizierter und komplexer, wenn wir daran denken, dass neben den beschriebenen Entwicklungen noch viele andere erfolgen. U. a. handelt es sich um Bereiche wie Orientierung in Zeit und Raum (ein Zeitbegriff stellt sich erst nach und nach ein, am Anfang lebt das Kind einfach im Moment; eine räumliche Vorstellung muss ebenso langsam aufgebaut werden), emotionale Entwicklung, soziale Entwicklung und nicht zuletzt spirituelle Entwicklung. Für all diese Vorgänge sind verschiedene Hirnregionen zuständig, die aber miteinander vernetzt sind, so dass Begriffe alle Komponenten beinhalten können.

Wenn wir die oben beschriebene Entwicklung betrachten, wird sichtbar, dass das Kind immer mehr die Möglichkeit entwickelt, mit der Welt in einen differenzierten Austausch zu treten. Motorische, kognitive sowie sprachliche Fähigkeiten helfen ihm, seine Umgebung zu explorieren und durch das aufgebaute Wissen gezielt auf sie einzuwirken (z.B. Gegenstände ergreifen, verändern, transportieren; sich mittels Krabbeln oder Gehen an einen anderen Ort begeben; seine

Wünsche ausdrücken und vieles mehr). Dadurch entwickelt es langsam ein Ich-Bewusstsein. Damit sich dieses voll entfalten kann, braucht es neben den oben beschriebenen noch andere Fähigkeiten, u.a. eine gesunde emotionale und soziale Entwicklung. Wie diese beiden Prozesse verlaufen, wird in der Folge kurz dargestellt.

1.2 Emotionale und soziale Entwicklung

Bei der Geburt ist das Baby mit Fähigkeiten wie Lächeln und Schreien ausgestattet. Diese Verhaltensweisen zeigen sich spontan bei Zuständen wie Hunger, Angst und Freude. Damit ist das Neugeborene fähig, einen Kontakt mit einer Bezugsperson aufzunehmen und sich ihr mitzuteilen. Normalerweise reagiert diese auch prompt auf solche Signale und versucht, adäquat auf sie zu einzugehen. Grundlage dieses Wechselspiels ist die Bindung der Bezugspersonen – in den meisten Fällen der Eltern – an das Kind, welche zumindest teilweise angeboren sein dürfte. Sie weckt in Erwachsenen ein instinktives Bedürfnis, dem Kind Zuwendung und Schutz zu geben. Diese Bindung ist wichtig, denn sie sichert dem Kind ein Überleben. Schliesslich müssen seine Bedürfnisse nach Nahrung, Sicherheit und anderem gestillt werden, sonst könnte es im schlimmsten Fall verhungern.

Je besser die Bezugspersonen auf die Signale des Babys eingehen können, umso sicherer wird sich dieses fühlen und ist damit in der Lage, sich optimal zu entwickeln.

Doch trotz aller Bemühungen der Betreuenden wird ein Säugling immer wieder Momente erleben, in denen er sich nicht wohl fühlt. Dank seinem Schreien können die Bezugspersonen reagieren und ihn mit geeigneten Massnahmen wieder beruhigen. Das ist wichtig, denn in diesem Alter ist das Kind erst sehr beschränkt fähig, sein Erregungsniveau zu regulieren (beispielsweise mit Saugen an der Bettdecke oder an einem anderen Gegenstand). Fehlt wiederholt die Hilfe von aussen, verharrt das Nervensystem mit der Zeit fortwährend in einer erhöhten Spannung. Was dies für längerfristige Folgen hat, wird in Kapitel 7 aufgezeigt.

Wird die Beziehungsebene vernachlässigt bzw. kann sich aus verschiedenen Gründen keine stabile Bindung bilden, reagiert das Kind trotz Gewährleistung von Ernährung und Pflege mit auffälligem Verhalten. Verändert sich die Situation auch dann noch nicht, entwickelt es schwere Störungen und kann sogar sterben.

Es ist also wichtig, dass die Bezugspersonen ein stabiles emotionales Feld an Liebe und Präsenz errichten. Damit werden sie zu einer verlässlichen Stütze, bei der das Kind in schwierigen Momenten jederzeit Rückhalt finden kann. Diese Sicherheit bildet dann die Grundlage für vielfältige Lernerfahrungen, eine emotionale Stabilität und ein gesundes Selbstwertgefühl.

Mit fortschreitender Entwicklung beginnen sich im Alter von ca. drei Monaten die ersten Emotionen zu zeigen: Wut, Trauer, Freude, Überraschung und Angst können ausgedrückt werden. Weil das Kind zudem zu erkennen beginnt, dass es mit seinem Handeln in der Welt etwas erreichen kann, treten teilweise Wut bzw. Frustration als Antwort auf einen Misserfolg auf.

Durch die Auseinandersetzung mit seinen Bezugspersonen entdeckt das Kind allmählich, dass sein Gegenüber nicht einfach ein Teil von ihm selbst ist (das ist der Zustand in der symbiotischen Phase), sondern eine eigene Persönlichkeit, die sich von ihm trennen kann. Als Folge dieser Erkenntnis treten häufig Trennungsängste auf.

Mit der ganzen geistigen Entwicklung und dem Erwerb der Sprache wird ein Kind fähig, seine Emotionen zu benennen, sie mitzuteilen und darüber nachzudenken. Damit hat es wertvolle Instrumente, wie es sie regulieren kann. Zudem entdeckt es immer mehr, dass die Gedanken und Gefühle der anderen Menschen nicht immer gleich sind wie die eigenen. Das ist die Grundlage für eine soziale Entwicklung. In dieser Phase beschäftigt sich das Kind häufig mit Spielen, bei denen es in die Rolle anderer schlüpft und so ihre Perspektive einnimmt. Dadurch wird es fähig, sich in andere einzufühlen und auf sie einzugehen.

Obschon das Kind gerne in die Haut von seinen Bezugspersonen, von Phantasiefiguren (z.B. Prinzessin) und von Tieren schlüpft, entwickelt es unter günstigen Bedingungen parallel dazu ein gesundes Ichgefühl: es kennt die eigenen Bedürfnisse und setzt sich auch für sie ein. Das intakte Selbstvertrauen ermöglicht ihm, sein inneres

Gleichgewicht weitgehend selbst herzustellen. So entsteht eine stabile Persönlichkeit, die einerseits ihren Platz in der Welt finden und verteidigen, andrerseits einen regen Austausch mit der Umwelt führen kann.

Nach diesen Ausführungen wird deutlich, dass die emotionale und die kognitive Entwicklung einander wesentlich beeinflussen. Je sicherer sich ein Kind nämlich fühlt, umso eher lässt es sich auf neue Erfahrungsbereiche ein. Damit wachsen seine geistigen und sprachlichen Fähigkeiten, was wiederum die emotionale Entwicklung begünstigt.

Wie bereits zu Beginn des Kapitels erläutert, spielen bei all dem genetische Anlagen, Reifung, verschiedenste Umweltfaktoren und Lernprozesse eine wichtige Rolle, womit sichtbar wird, dass Entwicklung ein hoch komplexes Gefüge unzähliger Faktoren ist.

Um nun die soeben aufgebauten Hirnstrukturen des Lesers noch zu erweitern und zu differenzieren, werden in den folgenden Kapiteln einige dieser Faktoren eingehender betrachtet.

Kapitel 2 – Genetische Prägung

Es gab Zeiten, da glaubte man, dass die gesamte Entwicklung ein Ergebnis der genetischen Anlagen ist. Somit wäre von Geburt an nicht nur vorgegeben, wie ein Mensch aussieht, sondern auch wie er denkt, fühlt, handelt und anderes mehr. Heute weiss man, dass dem nicht so ist und sogar die genetischen Faktoren von Umwelteinflüssen mitgeformt sind.

Uns allen ist die Tatsache geläufig, dass sich unser Erbgut aus Genen zusammensetzt, die wir von unseren leiblichen Eltern mitbekommen. Sie sind alle auf unseren Chromosomen gespeichert und bestimmen etliche Merkmale, welche unsere Person ausmachen. So beinhalten sie detaillierte Informationen, welche Stoffe der Körper in welchen Mengen an welchen Orten produzieren muss. Damit entsteht nach einem bestimmten, eben genetisch angelegten Bauplan ein Mensch mit seinen entsprechenden Eigenschaften. Möchte man vererbte Merkmale (z.B. Haarfarbe, Festigkeit der Knochen oder anderes) verändern, müsste man folglich den Bauplan beeinflussen. Das hätte zur Folge, dass der Körper entsprechend des veränderten Bauplans andere oder neu definierte Mengen bestimmter Stoffe produzieren würde. Um solche Phänomene kümmert sich die Genforschung mit dem ganzen Bereich der Genmanipulation.

Doch auch ohne Genmanipulation verändert sich das genetische Material aller lebendigen Organismen fortlaufend. Eine detaillierte Darstellung dieser Vorgänge würde das vorliegende Büchlein sprengen, deshalb erfolgt hier nur eine kurze Abhandlung wesentlicher Aspekte.

Im Rahmen der Evolutionsforschung konnte man sehr schön nachweisen, wie sich die genetischen Anlagen von Pflanzen, Tieren und dem Menschen in einer stetigen Veränderung befinden. Man spricht dabei von Genmutation. Was der Motor dieses Geschehens ist, darüber kann man spekulieren. Erwiesen ist jedoch die Tatsache, dass ein wesentlicher Faktor solcher Entwicklungen die Anpassung an veränderte Umstände ist.

Aktuelle Forschungen bei Papageien bestätigen diese Prozesse einmal mehr: während es in Afrika nur etwa 20 verschiedene Arten von Papageien gibt, existieren in Südamerika mehr als 160. Durch Genanalysen der Vögel sowie Fossilienfunde konnte nachgewiesen werden, dass neue Papageienarten in Südamerika häufiger auftraten, seit vor rund 15 Millionen Jahren die Bildung der Anden einsetzte. Die Lebensräume der Vögel begannen sich dadurch zu verändern, folglich mussten sie sich anpassen, um zu überleben. Je nach Region erfolgten sehr spezifische Anpassungsprozesse, womit verschiedenste Arten entstanden.

In der Regel geschieht dies sehr langsam über lange Zeiträume hinweg, wobei jedoch entdeckt wurde, dass innerhalb der bereits erforschten Zeitspanne eine stetige Beschleunigung des Prozesses stattfand und wahrscheinlich weiterhin stattfindet.

Auch genetische Unterschiede zwischen einzelnen Völkergruppen sind zumindest teilweise ein Ergebnis von Anpassungsprozessen (es werden auch andere Theorien diskutiert). So sind wir Europäer beispielsweise eher in der Lage, Käse zu verdauen, als dies bei Asiaten der Fall ist. Das hat mit unserer langen Tradition der Viehwirtschaft zu tun, welche unseren Essplan mitbestimmte. Sie liess uns die Fähigkeit entwickeln, Milch und Milchprodukte zu verdauen. Allerdings haben immer mehr Menschen auch hierzulande Mühe mit diesem Naturprodukt. Als Grund dafür werden verschiedene Theorien diskutiert. Eine davon betrifft die Verarbeitung der Milch. Diese bewirkt u.a. eine Veränderung einzelner Fettmoleküle, was möglicherweise zu Unverträglichkeiten führt. Rohmilch wird nämlich fast immer vertragen.

All diese Anpassungsvorgänge sind bereits gut erforscht und gelten als gesichert. Eine neue Studie sorgte nun aber kürzlich für Aufregung: Bisher ging man davon aus, dass Genveränderungen viel Zeit beanspruchen. Nun entdeckte man aber, dass stark traumatisierende Ereignisse bei Kindern innerhalb kurzer Zeit eine solche Veränderung bewirken können. Ihr zuvor intaktes Erbgut ist dann dauerhaft geschädigt und zwar in einer Form, welche die Stressverarbeitung der Betroffenen stark einschränkt.

Wie starr unser Erbgut wirklich ist, kann durch die Forschung noch nicht abschliessend beurteilt werden. Vieles weist darauf hin, dass selbst in diesem Bereich mehr Bewegung stattfindet als wir ursprünglich glaubten.

Kapitel 3 – Reifung

Im Rahmen der Entwicklung ist der Reifeprozess ein wichtiger Faktor. Bis aus der Verschmelzung von Ei und Samen der Eltern ein überlebensfähiges Wesen entsteht, müssen nicht nur Strukturen gebildet werden, sondern diese müssen sich nach ihrem Entstehen auch weiter entwickeln. Sie müssen also reifen. Dieser Prozess ist eine mehr oder weniger genetisch vorgegebene Abfolge von Abläufen im Körper, welche durch die Umwelt beeinflusst werden. Obschon die Entwicklung im Wesentlichen bei allen Menschen ähnlich verläuft, gibt es individuelle Unterschiede, auch diese teils genetisch, teils umweltbedingt.

Betrachten wir dazu die Situation des Embryos im Mutterleib: selbst wenn die vererbten Anlagen eine optimale Reifung zulassen würden, kann beispielsweise grosser Stress der Mutter dazu führen, dass einzelne Hormone bei ihr im Übermass gebildet und damit die ganzen Stoffwechselfunktionen gestört werden. Diese sind aber ausschlaggebend für Auf- und Abbauleistungen des Körpers, was sich unmittelbar auf die Situation des Kindes auswirkt. Auch eine schlechte Ernährung der Mutter vermag viel Schaden anzurichten. Wir wissen heute, dass ein Mangel an Vitamin B12 dazu führen kann, dass sich der Spinalkanal im Rücken des Fötus nicht verschliesst, womit die Babys mit einer Spina Bifida (offener Spinalkanal) zur Welt kommen und deshalb behindert sind. Schlimme Folgen können auch Medikamente haben, welche die Mutter während der Schwangerschaft einnimmt. Bekanntestes Beispiel ist Contergan, welches das Wachstum der Gliedmassen beim Embryo blockierte.

Kann sich aber alles nach Plan entwickeln, durchläuft der Embryo sozusagen alle Stufen der Evolution. Ganz am Anfang kann man noch nicht erkennen, ob das werdende Wesen zur Familie einer primitiveren Tierart gehört oder ein Mensch wird. Es scheint, als würden alle Lebewesen zuerst basale Strukturen aufbauen, die bei allen in etwa gleich sind. Erst nach und nach bilden sich dann Teile aus, die höhere Entwicklungsstufen kennzeichnen. So kann ein menschlicher Fötus in frühen Stadien nicht von einem Reptil unterschieden werden, später gleicht er dann einem primitiveren Säugetier und erst nach einer Weile wird sichtbar, dass es sich um einen Menschen handelt.

Auch nach der Geburt ist ein Säugling noch längst nicht ausgereift, wie dies im Kapitel 1 im Zusammenhang mit der gesamten Entwicklung bereits beschrieben wurde. Das zentrale Nervensystem (bestehend aus dem Hirn bzw. den verschiedenen Hirnteilen und dem Rückenmark) ist erst rudimentär gebildet und erlaubt nur einfachste Leistungen in allen Bereichen: bei der Bewegung, bei der Wahrnehmung, beim Gedächtnis, bei den Emotionen etc.

Grundlage aller Systeme sind Zellen, die sich bereits unmittelbar nach der Zeugung zu bilden beginnen. Im Fall des zentralen Nervensystems handelt es sich um Zellen, die sich zu Nervenzellen (Neuronen) spezialisiert haben. Diese sind unter sich wiederum verschieden, denn sie müssen unterschiedliche Bestandteile des Nervensystems aufbauen (z.B. Stammhirn, Kleinhirn, Grosshirn, Rückenmark) und auch unterschiedliche Aufgaben erfüllen.

Wie bereits in Kapitel 1 deutlich wurde, müssen alle Funktionseinheiten (die Teile des Nervensystems unter sich, aber auch das Nervensystem mit allen anderen Körpersystemen) miteinander verbunden sein bzw. sich miteinander verbinden, damit ein ständiger Informationsaustausch möglich wird. Das ist eine überaus komplexe und komplizierte Leistung. Wie eine solche Entwicklung und Reifung aussehen kann, werde ich nun sehr vereinfacht darstellen.

Nervenzellen (Neuronen) bestehen aus einem Kern und vielen Fäden, die von diesem Kern ausgehen. Bei den Fäden unterscheidet man solche, die Informationen in die Zelle hineintragen (Dendriten) und solchen, welche Informationen hinaustragen und weitergeben (Axone).

Dendriten nehmen elektrische und/oder chemische Signale auf und leiten sie in den Zellkern, wo sie verarbeitet werden. Axone sind lange Fäden, an deren Enden sich Synapsen befinden. Diese Synapsen sind zentrale Elemente, denn sie senden elektrische und/oder chemische Reize und übertragen so Informationen auf andere Neuronen, mit denen sie sich verbinden. Jedes Neuron ist mit bis zu 20'000 anderen verschaltet und tauscht mit ihnen Informationen aus. Interessant ist u.a. die Tatsache, dass elektrische Reize um ein Vielfaches schneller an ihr Ziel kommen als chemische. Dieser Umstand ist bedeutend, wenn man an all die alternativen Heilmethoden (wie z.B. Polarity) denkt, welche genau mit diesen elektrischen Energiefeldern arbeiten. Er sollte uns also neugierig machen und dazu anregen, diese ganze feinstoffliche Energiewelt zu erforschen. Interessant wäre z.B. die Frage, ob und wie eine Behandlung mit Polarity elektrische Felder im Körper unmittelbar und/oder längerfristig verändern würde. Leider wird hier viel zu wenig geforscht. Wie wir in Kapitel 8 noch sehen werden, ist die Gesellschaft in dieser Beziehung sehr schwerfällig.

Je mehr Synapsen im Hirn gebildet werden, umso leistungsfähiger ist es. Man hat herausgefunden, dass während der Entwicklung zu verschiedenen Zeiten unterschiedliche Hirnregionen besonders aktiv sind. In solchen aktiven Phasen werden übermässig viele Synapsen gebildet, gleichzeitig findet aber auch eine Auslese statt: Synapsen, die nicht ständig benützt werden, verschwinden wieder. Das ist genau der Moment, in dem beim Menschen geballt Lernprozesse in den entsprechenden Bereichen laufen. Besteht bei einem Kind zu einem bestimmten Zeitpunkt z.B. in denjenigen Hirnregionen viel Aktivität, welche für die Fortbewegung zuständig sind, wird es genau dann mit grossem Eifer gehen lernen. Zu einem anderen Zeitpunkt werden ganz andere Hirnregionen hochaktiv sein, dann wird sich das Kind automatisch mit diesen Lebensbereichen auseinandersetzen. Solche Phasen beobachtet man z.B. auch bei der Sprachentwicklung. Hier wird überhaupt gut sichtbar, wie das Hirn durch Produktion und Selektion von Nervenverbindungen Wissen und Fertigkeiten aufbaut. Deshalb möchte ich einen kurzen Einblick in die entsprechenden Abläufe gewähren. Ein Teil davon wurde im Rahmen der allgemeinen Entwicklung in Kapitel 1 bereits beschrieben, hier folgt nun eine Erweiterung:

Nach der Geburt reagiert der Säugling noch auf sämtliche Laute, die in den unterschiedlichsten Sprachen gebildet werden. Ebenso produziert er solche Laute, und zwar bunt gemischt und ohne damit eine Absicht zu verfolgen. Bereits nach 6 Monaten unterscheidet er Laute, die er immer wieder hört und solche, die in seiner Muttersprache nicht vorkommen. Letztere verschwinden mehr und mehr aus seinem Repertoire. So wählt er aus einer Vielzahl von Möglichkeiten schlussendlich diejenigen aus, die in seinem Lebensfeld Sinn ergeben. Damit wird auch aus einem ursprünglichen Überfluss von Synapsen eine Auslese getroffen. Nur noch solche bleiben bestehen, welche als Grundlage für die sprachlichen Fähigkeiten in der Muttersprache bedeutend sind. In der Folge stabilisieren sich diejenigen Nervenbahnen, welche immer wieder aktiviert werden. Solche, die nicht mehr benützt werden, lösen sich auf.

Dieser Prozess wird von einem weiteren Phänomen begleitet: Wie wir wissen, nimmt die Hirnmasse im Verlaufe der Entwicklung stetig zu. Dies ist eine Folge der sogenannten Myelinisierung der Nervenbahnen. Das heisst, dass in einem gewissen Stadium der Reife von Nervenverbindungen diese Bahnen durch eine Zellschicht quasi isoliert werden. Damit wird erreicht, dass sich die Informationsübertragung um ein Vielfaches beschleunigt, womit die Leistungsfähigkeit des Hirns stark wächst.

Wie bereits gesagt, sind verschiedene Hirnbereiche zu unterschiedlichen Zeiten in der Entwicklung des Kindes hochaktiv. Dann etablieren sie sich und bilden sozusagen eine mehr oder weniger stabile Basis, die dem Kind für den Aufbau weiterer Fähigkeiten dient. Es ist von grosser Bedeutung, dass in diesen sogenannt *sensiblen Phasen* die entsprechende Entwicklung von aussen mit genügend Reizen angeregt wird. Ein Kind, mit dem kaum gesprochen wird, kann nur unvollständige Grundlagen für die gesamte Sprachentfaltung aufbauen, denn ihm fehlen dann die Möglichkeiten, sein Nervensystem zu organisieren. Ganz fatal wirkt sich dies auch beim Sehen aus:

Es gibt Kinder, die ein sogenannt faules Auge haben. Dessen Sehfähigkeit ist aus unbekannten Gründen sehr reduziert, obschon die Voraussetzungen dazu alle vorhanden wären. Wird dieses Auge nicht gezielt trainiert, bleibt es lebenslang schwach. Das entsprechende Training muss aber bis zum neunten Lebensjahr abgeschlossen sein, denn dann ist die Entwicklung des Sehsystems beendet. Später lassen sich kaum noch Veränderungen bewirken.

Aus diesem Grund muss auch bei blind geborenen Kindern bereits sehr früh beurteilt werden, ob durch eine Operation die Sehfähigkeit hergestellt werden kann. Erfolgt ein solcher Eingriff nämlich zu spät, kann sich trotz physiologischer Voraussetzungen das Sehen nicht mehr entwickeln, das Kind bleibt ohne Augenlicht.

Diese Erkenntnis weckte bei vielen Erziehern gewisse Ängste, dass man im Leben des Kindes solch sensible Phasen verpassen und es somit nicht ausreichend fördern könnte. Wie noch in Kapitel 4 aufgezeigt wird, muss man sich aber nicht sorgen: solange ein intaktes Umfeld besteht, wird das Kind alle nötigen Reize finden und/oder aufsuchen, die es für seine Entwicklung braucht. Eine zusätzliche bzw. gezielte Förderung ist nur in speziellen Fällen notwendig.

Der oben beschriebenen Begrenztheit gewisser Entwicklungsmöglichkeiten steht gleichzeitig eine grosse Plastizität des Gehirns gegenüber. Wir wissen heute, dass es möglich ist, Ausfälle in manchen Hirnregionen zu kompensieren, indem wir andere Teile mittels Übung dazu bringen, die entsprechenden Funktionen zu übernehmen. Zudem ist uns bewusst, dass wir durch unseren Lebensstil die Gesundheit und Leistungsfähigkeit unseres gesamten Nervensystems stark beeinflussen können. Trotz Beschränkungen gibt es also Möglichkeiten, von denen wir wahrscheinlich noch längst nicht alle erforscht haben.

Kapitel 4 – Umweltfaktoren

In den vorangehenden Kapiteln kam immer wieder zum Ausdruck, dass Umweltfaktoren die Entwicklung wesentlich beeinflussen. Vieles wurde bereits angesprochen, auf einiges möchte ich nun näher eingehen.

Bereits bei der Zeugung können gewisse Umstände Spuren beim werdenden Wesen hinterlassen. So ist es beispielsweise nicht unbedeutend, ob während des sexuellen Aktes ein Feld der Liebe besteht oder möglicherweise Stress und Ablehnung vorherrschen. Ist Letzteres der Fall, kann sich die Seele, die sich hier inkarnieren wird, unerwünscht fühlen. Im späteren Leben wird sich die Person wundern, warum sie sich nirgends als willkommen erlebt. Sie kann ja nicht ahnen, dass in ihr ein Endlosprogramm läuft: „ich bin offensichtlich nicht erwünscht". Selbst wenn man ihr sagt, dass man sie gerne hat und sie eine Bereicherung sei: solange dieser tiefe Seelenteil, in dem das entsprechende Programm seinen Anfang nahm, nicht wirklich erreicht wird, kann die betreffende innere Stimme nicht gelöscht werden. Dazu jedoch mehr in Kapitel 7 zur Traumatologie.

Auch während der Schwangerschaft ist der Fötus unzähligen Einflüssen ausgesetzt (vgl. auch Kapitel 3). Vieles hängt davon ab, wie es der Mutter in diesen 9 Monaten geht. Befinden sich ihr Körper, ihre Psyche und ihre Seele in einer Harmonie, erhält das Kind in jeder Hinsicht die besten Voraussetzungen für eine optimale Entwicklung. Erlebt sie jedoch schwierige Umstände wie Nährstoffmangel, Gift bzw. Drogen im Körper, häufige Ausschüttung von Stresshormonen, Angst, Depression, Aggression und anderes, belasten diese den Fötus. Um sich vor allzu grossen Schäden zu bewahren, baut er Schutzmechanismen auf, beispielsweise ein Zusammenziehen des Körpers bzw. gewisser Körperbereiche. Auch dies wird in Kapitel 7 noch näher betrachtet.

Nicht alle Faktoren kann eine werdende Mutter beeinflussen. Doch im Rahmen ihrer Möglichkeiten gehen die meisten glücklicherweise sehr verantwortungsbewusst mit ihrer Situation um. Sie achten auf genügend Entspannung, ernähren sich gesund und versuchen, Genussmittel, Drogen und Medikamente zu vermeiden. All dies wird sich später bezahlt machen.

Ein wichtiger Einschnitt im Leben eines Menschen ist die Geburt. Der Übergang von einer absolut geborgenen Umgebung in etwas Grosses, Unbekanntes ist für das Baby einschneidend. Damit es ihn nicht schockartig erlebt, muss es eine Situation antreffen, in der es sich gehalten fühlt. Eine solche ist gegeben, wenn es allen Beteiligten gelingt, eine positive Ruhe herzustellen, in der das Energiefeld der Mutter aufrechterhalten bleibt. An diesem Energiefeld kann sich der Säugling dann orientieren. Das versetzt ihn in die Lage zu erkennen, dass das vertraute, schützende Etwas – das ihm bereits seit der Zeugung Sicherheit vermittelte – noch immer da ist und ihn weiterhin fürsorglich umhüllt. Weil seine Sinne noch nicht ausgereift sind, ist dieses Energiefeld der einzige stabile Pol in seiner ersten Erdenerfahrung ausserhalb des mütterlichen Körpers, nach dem es sich ausrichten kann.

Wie bereits im Rahmen der gesamten Entwicklung (Kapitel 1) aufgezeigt wurde, ist es in der Folge von grosser Bedeutung, dass die Eltern dem Kind eine emotionale Geborgenheit zu vermitteln vermögen. Dafür ist eine tragende Beziehung zentral, auf die sich das Kind verlassen kann. So werden die Bezugspersonen zu einem sicheren Hafen, in den es sich immer flüchten kann, wenn die Welt zu bedrohlich wirkt. Ein solcher Rückhalt gibt Mut, sich dem Leben zu öffnen, es neugierig zu erforschen und die eigenen Möglichkeiten darin auszutesten. Es kann also eine optimale Entwicklung stattfinden.

In den Kapiteln 1und 3 wurde auch beschrieben, dass Reize von der Aussenwelt notwendig sind, um Entwicklungsprozesse anzuregen. Was bedeutet dies für die Bezugspersonen? Trotz gewisser Gesetzmässigkeiten bei den Entwicklungsverläufen bestehen viele individuelle Unterschiede, u.a. in der Abfolge und dem Tempo der einzelnen Schritte. Damit ist nicht berechenbar, wann ein Kind was benötigt. Doch das muss die Eltern nicht bekümmern, ein gesundes

Kind sucht sich die notwendigen Reize in der Regel selbst. Es reicht, wenn eine anregende Umgebung geschaffen wird, wenn man das Kind also einfach in das farbige Alltagsleben integriert. Allerdings ist hier auch ein gewisses Mass gefragt. Eine Reizüberflutung ist nicht sinnvoll und erzeugt höchstens Stress.

Was oftmals unterschätzt wird, ist die Vorbildfunktion der Eltern. Wie bereits gesagt, nimmt ein Säugling am Anfang vor allem Energien wahr. Entstehen in bestimmten Situationen beispielsweise regelmässig Angstschwingungen, lernt er, dass hier offensichtlich Gefahr droht. Konkret könnte es sich um Eltern handeln, welche sich durch unvertraute Situationen schnell verunsichern lassen und ängstlich reagieren. Automatisch übernimmt der Säugling die Botschaft: *Achtung, diese Welt scheint eher schwierig und bedrohlich zu sein.* Später wird er durch das Modell der Eltern lernen, in welchen Situationen höchste Vorsicht angezeigt ist. So übernimmt das Kind viele Teile des Weltbildes der Eltern, indem es gefühlsmässig wahrnimmt, was bestimmte Umstände in ihnen auslösen.

Eine solche Übernahme von Verhalten ist auch im Tierreich üblich. Sie ist wichtig, denn grundsätzlich sichert sie das Überleben. Nur wenn der Nachwuchs so schnell wie möglich lernt, wo Gefahren lauern und wie er darauf zu reagieren hat, ist er sicher. Er muss auch erkennen, welche Nahrung seine Mutter als richtig erachtet und vieles mehr. Diese durchaus sinnvollen Mechanismen können sich bei Menschen jedoch als problematisch erweisen, und zwar aus folgenden Gründen:

Eltern sind in der Regel sehr bemüht, dem Kind eine positive Lebenseinstellung, frei von Problemen, zu vermitteln. Ebenso wünschen sie sich eine harmonische Familiensituation. So verschweigen sie häufig gewisse Probleme oder überspielen sie. Ihnen ist zu wenig bewusst, dass das Kind schon längst gespürt hat, dass etwas nicht stimmt. Weil dieses mit den bedrängenden und angstmachenden Gefühlen aber nicht bewusst umgehen kann, merken die Eltern nicht, welche Belastung hier entsteht. Durch ihr Verhalten machen sie die schwierige Situation ungewollt noch schlimmer: indem sie die Probleme nicht ansprechen, sondern „heile Welt spielen", lassen sie das

Kind mit seinen diffusen Ängsten und unguten Gefühlen alleine. Zudem bringen sie ihm bei, diese Ebene zu ignorieren und beim Spiel „heile Welt" mitzumachen. Doch diese Ängste und diffusen unguten Gefühle lösen sich nicht einfach auf. Sie bleiben in den Tiefen des Kindes bestehen. Da sie sich nicht ewig verdrängen lassen, tauchen sie in der Regel zu einem späteren Zeitpunkt in Form von Problemen im Leben der Betroffenen auf, z.B. als Beziehungsstörung, allgemeine Verhaltensstörung, Depression, Angst oder anderem. Da die genaue Ursache der Probleme im Dunkeln liegt (sie wurde ja nie thematisiert), sind die Betroffenen häufig hilflos und überfordert.

Man hüte sich auch davor, Gefühle der Kinder abzutun. Wenn sich ein Kind nicht geliebt fühlt, dann ist dies eine Tatsache, selbst wenn die Eltern ihm ihre ganze Liebe schenken. Wo und warum das Gefühl entstanden ist, kann sehr komplex sein. Aber es ist da und muss ernst genommen werden.

Im Weiteren könnte ich noch jede Menge äussere Umstände anführen, welche auf die Entwicklung einen Einfluss haben. Ich kann es aber auch kürzer machen:

Sobald eine Seele inkarniert, ist sie in eine materielle Welt eingebettet, die ihr Möglichkeiten der Entfaltung eröffnet, ihr aber auch Grenzen setzt. Dies beginnt schon bei den Verhältnissen in der Schwangerschaft sowie dem Erbgut und der Persönlichkeit der Eltern. Je nach Umständen entsteht eine mehr oder weniger günstige Grundlage, auf der eine Seele ihr Leben aufbauen kann. Dabei ist sie in jedem Fall bestrebt, ihr gesamtes Potential optimal zur Geltung zu bringen. Nun kommt aber noch ein weiterer Faktor dazu: Obschon die Gegebenheiten einen grossen Einfluss auf die Entwicklung eines Wesens haben, ist nicht zuletzt ausschlaggebend, wie gut eine Seele in der Lage ist, die gegebenen Möglichkeiten zu nutzen und sich innerhalb der gesetzten Grenzen zu entfalten. Einigen gelingt dies besser, anderen schlechter. Man kann das wunderbar veranschaulichen:

Wenn man mehreren Personen einen Korb voll Lebensmittel gibt, und zwar allen genau das Gleiche, wird es Leute geben, die damit ein

Gourmetmenu zaubern. Andere werden lediglich etwas knapp Geniessbares herstellen.

Es ist folglich etwas gar einfach, ausschliesslich schwere Lebensumstände für entstandene Probleme verantwortlich zu machen. Man muss sich vielmehr fragen, wie man mit all den Gegebenheiten umging. Falls die entsprechenden Strategien nicht erfolgreich waren, besteht jederzeit die Möglichkeit, hinderliches Verhalten abzulegen und ein konstruktiveres aufzubauen. Allerdings bedarf dies grosser Ehrlichkeit sich selbst gegenüber, folglich ein bisschen Mut. Zudem ist viel Arbeit angesagt.

Zusammenfassend kann man Folgendes sagen: Damit eine optimale Entfaltung gelingt, muss sich ein Lebewesen bis zu einem gewissen Grad an die gegebenen Umstände wie Klima, Nahrung, familiäre und gesellschaftliche Rahmenbedingungen etc. anpassen, auch wenn diese teilweise ungünstig sind. Wie es dies macht, ist individuell sehr unterschiedlich. Ob es schlussendlich eine Form findet, die eine erfolgreiche Entwicklung ermöglicht, hängt von sehr vielen Faktoren ab. Ein Beispiel soll dies verdeutlichen:

Nehmen wir an, eine Mutter ist aufgrund von Ängsten und Depressionen nicht in der Lage, ihrem Kind eine stabile Atmosphäre des Getragenseins zu vermitteln. Damit fehlt diesem eine gesunde Grundlage für seine Entwicklung. Um zu überleben, muss es sich notgedrungen an die Verhältnisse anpassen. Dabei hat es verschiedene Möglichkeiten:

Das Kind könnte beispielsweise schon sehr früh eine gewisse Unabhängigkeit und Selbständigkeit aufbauen. Allerdings würde dabei ein stabiler Boden fehlen, was einen ständigen unterschwelligen Stress zur Folge hätte. Zudem bestünde die Gefahr, dass durch eine ausserordentlich belastende Situation später im Leben das gebaute Konstrukt zusammenbricht und sich die Person mit einem Abgrund konfrontiert sieht, der bodenlos erscheint. Wenn aber alles gut geht, kann sie sich trotz der frühkindlichen Belastung ein erfolgreiches Leben aufbauen. Parallel dazu ist ein Aufarbeiten der drückenden Alt-

lasten möglich, so dass sich schlussendlich eine gereifte, stabile Persönlichkeit entwickelt.

Es könnte aber auch anders kommen: Das Wesen zieht sich innerlich zurück, um sich so weit wie möglich vor den psychischen Schwankungen der Mutter zu schützen. Die Grundlage ist ihm zu brüchig, um darauf etwas zu bauen. Seine Entwicklung bleibt somit in vielen Bereichen auf der Strecke. Wenn es Glück hat, findet es zu einem späteren Zeitpunkt eine Bezugsperson (kann auch ausserhalb der Familie sein), die ihm Halt gibt, womit es Etliches an Entwicklung nachholen kann. Tritt dies nicht ein, bleibt es in sich gefangen, reagiert ev. selbst mit psychischen Problemen und wird sich selten als erfolgreich erleben.

Es gibt Unmengen von möglichen Szenarien. Weshalb ein Wesen auf eine bestimmte Art und Weise reagiert, hat sehr viele Gründe, die teilweise recht vielschichtig sind. Ich gehe davon aus, dass einer der wichtigsten Faktoren die Fähigkeit eines Menschen ist, die Verbindung zur Seelenebene mit ihrer Kraft, ihren Visionen und ihrem Wissen aufrecht zu erhalten. Schlussendlich werden die Strategien ausschlaggebend sein, mit denen eine Person ihr Leben in Angriff nimmt. Auf jeden Fall zeigen uns die Menschheitsgeschichte und die Natur immer wieder, dass man selbst unter widrigsten Umständen erfolgreich sein kann.

Ein wundervolles Beispiel in der Natur sind die Bonsais, die Zwergbäumchen. Obschon sie teilweise mit kargsten Verhältnissen konfrontiert sind (z.B. mit felsigem Untergrund im Gebirge), haben sie es geschafft zu überleben. Zwar bleiben sie klein, aber in diesem Miniformat steckt eine Riesenkraft und der Ausdruck ist in sich gesehen so kunstvoll, dass man solche Gewächse sogar züchtet. Auch in der Tierwelt erschufen Anpassungsprozesse Gattungen, die durch erstaunlichste Mechanismen überleben können.

Auch die Menschheit ist reich an beeindruckenden Biografien. Denken wir beispielsweise an Helen Keller (1880 – 1968): obschon die Frau mit zwei Jahren blind und taub wurde, schaffte sie es dank einer sehr engagierten Heilpädagogin, mit ihrer Umwelt in einem lebendigen Austausch zu bleiben. Sie studierte, lernte Fremdsprachen, schrieb Bücher und setzte sich sehr für Unterdrückte ein. Ihre Geschichte ist eine faszinierende Reise durch eine einzigartige Form der Entwicklung.

Die Schöpfung ist also ein riesengrosser kreativer Apparat, der uns unglaublich viele Möglichkeiten zu einer grossartigen Entfaltung bietet, wenn wir weise damit umgehen. Und dafür ist nicht zuletzt eine gesunde spirituelle Entwicklung von grosser Bedeutung, wie dies in Kapitel 8 noch deutlich wird: wir sind nämlich mehr, als wir zu sein glauben. Unser Potential ist grösser als wir denken. Solange wir es aber nicht zulassen, weil wir die entsprechenden Bereiche des Menschseins (feinstoffliche Ebene) verleugnen, werden wir uns an die gelernten Lebensstrategien festklammern, die leider viel zu häufig zu Misserfolgen führen. Es könnte aber auch anders sein, doch dazu – wie gesagt – mehr in Kapitel 8.

Kapitel 5 – Lernen

Wie ich bereits dargelegt habe, ist Entwicklung das Ergebnis von einem Wechselspiel von Erbanlangen, Reifung, Umweltfaktoren und Lernen. In diesem Kapitel möchte ich nun aufzeigen, was Lernen heisst und welche Arten des Lernens es gibt.

In einem ersten Schritt beschreibe ich einen allgemeinen Lernverlauf, anschliessend gehe ich auf einzelne Arten des Lernens ein: das Lernen durch Imitation, durch Konditionierung und durch Einsicht sowie die Erweiterung des Wissens durch Intuition.

5.1 Allgemeiner Ablauf des Lernens

Ganz allgemein kann man sagen, dass Lernen auf Erfahrung basiert und uns ermöglicht, spezifisches Verhalten aufzubauen bzw. bestehendes Verhalten zu verändern. Wir können unterscheiden zwischen einsichtigem Lernen und Lernen durch Dressur (Konditionierung). Da wir als Menschen mit einem ausgeprägten Selbstbewusstsein ausgestattet sind, findet bei uns vorwiegend ein Lernen über die Einsicht statt. Aber auch das simple Üben von Abläufen sowie das Lernen über Versuch – Irrtum sind bei uns vertreten. Durch diese Lernprozesse bauen wir Kenntnisse, Fertigkeiten, Überzeugungen und Verhaltensweisen auf.

Einiges von den Prozessen wurde bereits im Rahmen der Entwicklungstheorie von Piaget in Kapitel 1 beschrieben. Ich nehme diese Aspekte nun wieder auf und führe sie weiter aus.

Damit ein Lernprozess überhaupt in Gang kommen kann, muss die Aufmerksamkeit auf den Lerngegenstand gerichtet und dort auch eine Weile aufrechterhalten werden. Dies kann spontan geschehen, indem sich eine Person plötzlich von etwas angesprochen fühlt, weil es aussergewöhnlich ist, sie neugierig gemacht hat oder anderes. Es kann aber auch sein, dass jemand ihre Aufmerksamkeit auf das zu Lernende hinlenkt. Dies kann z.B. eine Mutter sein, die ihrem Kind etwas zeigt oder eine Lehrperson, die ihre Schüler für das Unterrichtsthema motiviert. Nun sollte der Lernende in der Lage sein, den Lerngegenstand wahrzunehmen, wofür er seine Sinne benötigt. Das Wahrgenommene muss in der Folge mit denjenigen Hirnstrukturen in Verbindung gebracht werden, die ein Erkennen erlauben. Wie wir in Kapitel 1 über die Entwicklung gesehen haben, benötigen wir dazu bereits aufgebaute Begriffe. In einem weiteren Schritt muss herauskristallisiert werden, was an dem Wahrgenommenen schon bekannt ist und welche Faktoren neu hinzukommen. Dies kann der Lernende selbst erarbeiten oder sich von einer Lehrperson darlegen lassen. Schliesslich sollten die noch fremden Elemente eindeutig definiert sein. Als nächstes müssen diese dann in bestehende Strukturen eingeordnet werden. Dazu kann manchmal ein neuer Aspekt einfach an eine Struktur angehängt werden, manchmal ist es allerdings erforderlich, dass die Struktur teilweise aufgelöst und neu zusammengesetzt wird. Der Lernende erfährt dabei eine vorübergehende Verunsicherung, denn er muss zugeben, dass etwas, das er bisher zu wissen glaubte, gar nicht so ist, sondern eben ein bisschen anders.

Damit das alles verständlicher wird, möchte ich hier ein Beispiel einfügen.

Nehmen wir einmal an, eine Familie hat einen Garten mit Gemüsebeeten. Das Kind spielt gerne dort und erlebt dabei auch, wie in den Beeten Gemüse gepflanzt und geerntet wird. Aus Erfahrung weiss es, dass die Erträge gegessen werden. Die Eltern zupfen aber auch immer wieder Grünzeug aus, das sie Unkraut nennen und das nicht gegessen wird. Es lernt also: was im Beet wächst, ist abgesehen vom Unkraut gut. Zu diesem Unkraut gehört auch der Löwenzahn, der so schön gelb blüht und anschliessend lustige fliegende Schirmchen produziert. Diesen Blümchen begegnet es auch ausserhalb des Gartens, nämlich auf der Wiese. Doch auch hier bringen ihm die Eltern bei: all die Dinge, die hier wachsen, sollten nicht gegessen werden.

Nun möchte das Kind im Gemüsebeet mithelfen. Die Eltern erklären ihm in der Folge, welche Blättchen es auszupfen muss, weil sie ein Unkraut sind. Dabei zeigen sie ihm u.a. eine Kleeart, die sich gerne breit macht. Das Kind nimmt die neue Form zuerst mit den Au-

gen wahr. Es muss mit seiner Aufmerksamkeit nun eine Weile bei diesen Blättchen bleiben, damit genügend Zeit besteht, dass die Sinneswahrnehmung ins Hirn gelangt und dort bearbeitet werden kann. Weil es Klee schon auf der Wiese gesehen hat, besteht ein Wiedererkennen: der entsprechende Begriff ist bereits als Hirnstruktur vorhanden. Die Eltern weisen es nun darauf hin, dass dieser Klee ein anderer ist als auf der Wiese. Sie zeigen ihm den Unterschied auf, also die neuen Merkmale, die das Kind beachten muss. Dies sind u.a. die geringere Grösse und die rötliche Färbung der Blätter. Das Kind nimmt diese Merkmale wahr und erweitert nun den bereits bestehenden Begriff „Klee" mit ihnen. Dabei muss es das Neue lediglich an das bereits vorhandene Konstrukt angliedern, womit sozusagen eine untergeordnete Struktur vom bereits Bekannten entsteht.

Eines Tages geht die Mutter mit dem Kind spazieren. Auf der Wiese beginnt sie die gelben Löwenzahnblüten zu pflücken. Sie möchte nämlich Löwenzahnhonig herstellen. Das Kind ist verwirrt: es weiss, die Dinge auf der Wiese soll es nicht essen, nur die Dinge im Garten sind geniessbar, ausgenommen des Unkrauts. Dazu gehört aber auch der Löwenzahn. Plötzlich ist diese ganze Struktur auf den Kopf gestellt, denn nun erfährt es, dass Löwenzahn sehr wohl geniessbar ist, auch wenn er auf der Wiese gedeiht und als Unkraut ausgerissen wird. Es wird ihm dann auch erklärt, dass es noch mehr Pflanzen auf der Wiese gibt, die man essen kann. Die bestehende Hirnstruktur erweist sich nun plötzlich als Irrtum, sie ist viel zu undifferenziert. Um sie zu korrigieren, reicht es nicht aus, einfach einzelne neue Merkmale an die bestehenden Begriffe anzugliedern. Das Kind muss sein ganzes bisheriges Bild „Beet – essbar, ausgenommen Unkraut" und „Wiese, nicht essbar" völlig neu ordnen. Zu diesem Zweck müssen die bereits aufgebauten Strukturen teilweise aufgelöst und neu zusammengesetzt werden. Dieser Prozess ist anspruchsvoll, ermöglicht es aber, ein zu einfaches Weltbild durch ein angemesseneres zu ersetzen.

Da sich das Kind regelmässig im Garten aufhält und wiederholt mit all den Gewächsen in Kontakt kommt, prägen sich die Pflanzen mehr und mehr in seinem Gedächtnis ein.

Die einmalige Konfrontation mit Lerngegenständen reicht in der Regel nicht aus, dass wir ein stabiles Muster im Gehirn aufbauen, das dann auch später wieder abrufbar ist. Die gebildeten Strukturen müssen gespeichert werden, und dafür sind meistens Wiederholungen nötig. Man muss also üben, den Lerninhalt mehrere Male durchdenken bzw. einen neuen Bewegungs- oder Handlungsablauf immer wieder durchspielen, bis das neue Muster eingeprägt ist.

Dieser Aspekt ist äusserst wichtig. Die meisten Abläufe, die im Alltag wie von selbst gehen, mussten zuerst aufgebaut und eingeschliffen werden. Dies ist sehr einfach nachvollziehbar, wenn man einmal versucht, mit der „schwachen" Hand (für die meisten die linke Hand) zu schreiben. Das ist eine ziemlich schwierige Angelegenheit, die uns viel Konzentration abverlangt. Wir müssen uns die einzelnen Buchstaben vergegenwärtigen und dann schauen, dass wir die Formen richtig auf dem Papier darstellen können. Dabei merken wir, dass die Hand mit viel Aufmerksamkeit geführt werden muss, sonst kritzelt der Stift irgendetwas Unbrauchbares hin. Benützen wir die geübte Hand, geht es wie von selbst. Schon nur, wenn wir uns die einzelnen Wörter denken, schreibt der Stift die korrekten Formen, ohne dass wir dafür viel Konzentration aufbringen müssten. Die entsprechenden Abläufe wurden durch viel Übung bereits stark automatisiert.

Solche Automatismen sind enorm wichtig. Stellen wir uns beispielsweise vor, wir müssten bei jedem Satz, den wir sagen wollen, zuerst mühsam die Wörter zusammensuchen, uns einen geeigneten Satzbau vergegenwärtigen und dann mit Lippen, Zunge, Gaumen etc. die einzelnen Laute mit viel Konzentration bilden, wäre das Sprechen ziemlich mühsam. Das Gleiche gilt für unzählige Bewegungsabläufe. Zum Beispiel müssen wir auch nicht bei jedem Schritt überlegen, welchen Muskel wir anspannen, welchen Fuss wir vor den anderen setzen und wie wir unser Gleichgewicht halten müssen. All dies haben wir in der frühen Kindheit aufgebaut und durch stetige Wiederholung automatisiert. So besteht schliesslich eine gute Grundlage an basalen Fertigkeiten, die für das Meistern des Alltags wichtig sind. Wäre unser Gehirn ständig damit beschäftigt, diese grundlegenden Abläufe jedes Mal mit viel Konzentration neu aufzubauen, könnten wir uns wohl kaum wesentlich weiter entfalten, unsere Energie wäre dann schlicht und einfach bereits ausgeschöpft.

Ein weiterer Faktor, der dafür sorgt, dass wir mit wenig Aufwand viel zu leisten vermögen, ist der Transfer. Das bedeutet, dass es für uns von Interesse ist, etwas Gelerntes auf viele verschiedene Gebiete anwenden zu können. Weiss ich also einmal, wie eine Kuh auf der Weide aussieht und wie sie sich vom Schaf unterscheidet, sollte ich sie vorzugsweise auch in einem Stall erkennen, selbst wenn ich sie bisher immer nur draussen sah. Damit wäre es mir gelungen, den Begriff „Kuh" soweit zu abstrahieren, dass ich ihn auch auf andere Gebiete übertragen kann. Hierzu ein weiteres Beispiel:

Hat ein kleines Kind laufen gelernt, wird es vielleicht am Anfang etwas verunsichert sein, wenn seine Füsse nicht mehr auf dem Zimmerboden stehen, sondern auf dem Rasen im Garten. Noch schwieriger ist es, wenn es sich plötzlich auf Sand befindet. Nun müssen sich die Muskeln an die andere Beschaffenheit des Untergrunds anpassen, wobei das Grundschema des Laufens jedoch noch immer seine Gültigkeit hat. Es findet also ein Transfer der eingeübten Fertigkeit statt.

Etwas komplexer wird es, wenn wir z.B. an den Umgang mit technischen Geräten denken. Stellen wir uns vor, wir benötigen ein neues Mobiltelefon. Wenn wir zuvor bereits eines oder mehrere solche Telefone hatten, kennen wir die verschiedenen Funktionen dieser Geräte und wissen auch, wo wir entsprechende Knöpfe oder Icons auf den Bildschirmen finden, durch die wir die gewünschten Funktionen abrufen können. Dennoch funktioniert jedes Mobiltelefon wieder ein bisschen anders. Wir müssen also das Wissen, das wir bereits mitbringen, auf das neue Gerät übertragen und an die veränderten Gegebenheiten anpassen. So kann es uns gelingen, innert kürzester Zeit mit dem neuen Gegenstand vertraut zu werden und ihn ohne Anleitung funktionstüchtig zu machen und zu benützen. Ist das gekaufte Gerät allerdings mit völlig neuen Technologien ausgestattet, denen wir noch nicht begegnet sind, brauchen wir eine entsprechende Einführung, damit wir neue Gehirnstrukturen dafür entwickeln.

In vielen Fällen laufen Transferleistungen unbewusst ab. Aber es gibt auch Situationen, in denen wir gezielt ein neu erworbenes Verhalten im Alltag umsetzen möchten. Dies könnte beispielsweise die verbesserte Kontrolle des Stresspegels sein, den wir mittels bewusster Atmung tief halten möchten. Viele von uns kennen das Problem: sobald der Alltag abzurollen beginnt, vergessen wir unsere guten Vorsätze, atmen wieder nur oberflächlich und fühlen uns sehr gestresst. Für einen geglückten Transfer brauchen wir nämlich genügend Zeiträume, in denen wir üben können. Unter Druck greifen wir automatisch zu alten Mustern, weil sie schnell und einfach verfügbar sind. Deshalb rate ich meinen Klienten bei Transferaufgaben, sich einen täglichen kleinen Zeitraum vorzunehmen, in dem sie das neue Verhalten gezielt anwenden. Diese Zeitfenster müssen in der Folge erweitert werden, und zwar immer dann, wenn der vorhergehende Schritt gefestigt ist.

All die oben beschriebenen Abläufe wiederholen sich ständig, da wir immer Neues hinzulernen. Dabei benützen wir aber verschiedene Lernformen, von denen ich in der Folge auf die vier wichtigsten eingehen möchte.

5.2 Lernen durch Imitation

Besonders bei Kindern nimmt das Lernen mittels Imitation einen grossen Raum ein. Als Vorbild dienen dabei vorerst hauptsächlich die Eltern, später aber auch andere Personen aus seinem Erfahrungskreis. Bei Jugendlichen sind es häufig Idole. Übernommen wird Verhalten, das bei anderen als erfolgreich wahrgenommen wird.

Bei der Imitation spielt das Verständnis eine untergeordnete Rolle. Ob der Sinn des Verhaltens einsichtig ist, wird nicht unbedingt geprüft. So kann es sein, dass ein Kind nach seinem Gang auf das WC die Spülung betätigt, einfach weil es die anderen auch so machen. Später entdeckt es dann, dass es beim Unterlassen dieses Aktes zu stinken beginnt. Auch Wörter werden oft imitiert, ohne dass deren Bedeutung schon begriffen wurde. Selbst Erwachsene imitieren, ohne dass sie wirklich verstehen, weshalb dieses Verhalten scheinbar günstig ist. Sie bewerten es einfach als vorteilhaft und erfolgversprechend, das reicht aus. Beispielsweise nehmen sie ein Stärkungspräparat ein, weil es die Nachbarin macht und sie damit zufrieden ist. Weshalb dieses Mittel bei ihr wirkt und ob es auch bei ihnen wirklich angezeigt ist, betrachten sie dann nicht mehr so genau. Gerade bei bekannten Markenprodukten mit einer längeren Tradition gehen wir häufig davon aus, dass deren Verwendung gut ist, aber wir haben wenig Ahnung, was sie wirklich auszeichnet. Solche Marken sind beispielsweise Nivea und Bio Strath, aber auch gewisse Wasch- und Nahrungsmittel und vieles mehr gehören in diese Sparte.

5.3 Lernen durch Konditionierung

Imitation ist ein freiwilliger Prozess. Wir übernehmen Verhalten, weil wir uns einen Nutzen davon versprechen. Ganz anders ist es bei der Konditionierung, welche einem Abrichten bzw. einer Dressur entspricht. Ja, auch das gibt es bei uns Menschen, und zwar mehr, als wir denken. Vor allem früher war dies noch öfter der Fall. Denken wir nur schon an die Sauberkeitserziehung. Da wurde nicht darauf geachtet, ob wir ein Verständnis oder die Reife dafür haben, dass wir unsere Geschäfte auf dem Hafen oder WC verrichten. Wir wurden einfach entsprechend konditioniert. Dafür gab es verschiedene Mittel. Meine Mutter setzte uns Kinder beispielsweise auf den Topf, band uns sogar fest (natürlich sehr liebevoll) und wir mussten sitzen bleiben, bis das erwünschte Ergebnis im Topf lag. Dieses Verhalten wurde dann verstärkt, indem wir gelobt wurden. Auch beim Essen galt es, gewisse Manieren zu entwickeln, ebenso mussten wir uns unterschiedlichsten Wertvorstellungen anpassen, beispielsweise im Umgang mit Spielsachen oder Beziehungen. Zeigten wir das gewünschte Verhalten, gab es eine Bestätigung, machten wir Fehler, wurde dies bestraft. Perfid ist es, wenn die Strafen in Form von Gewalt erfolgen, sei diese physisch (z.B. Schläge, einsperren), psychisch (man macht dem Kind bewusst, was für ein Versager es ist; man macht dem Kind klar, dass Gott strafen wird bzw. dass es in die Hölle kommt und anderes mehr) oder emotional (z.B. Liebesentzug, Entzug von Aufmerksamkeit). Solche Ereignisse prägen Personen häufig für ihr ganzes Leben in einer problematischen Art und Weise. Da sie selbst immer wieder Gewalt erlebten, ist es wahrscheinlich, dass sie diese auch weitergeben, weil sie es nicht anders kennen. Leider war diese Kindererziehung früher sehr verbreitet. Ziel war einfach eine gute Integration in die Gesellschaft, ein „liebes", „anständiges" Kind, das „sich zu benehmen weiss". Konventionelle Werte waren noch sehr wichtig.

5.4 Lernen durch Einsicht

Im Gegensatz zu früheren Zeiten achtet man heute viel mehr darauf, dass die Kinder ihr eigenes Wesen entfalten können. Deshalb bevorzugt man heute das Appellieren an ihr Verständnis. Die Kinder werden nicht einfach in eine Schablone gepresst, die schon mehrheitlich vorgegeben ist. Mit Strafen ist man sehr viel vorsichtiger geworden. Die Gesellschaft hat erkannt, dass in jedem von uns ganz individuelle Fähigkeiten schlummern, die zu entfalten sich lohnt. Dafür muss man ihnen einen entsprechenden Raum gewähren sowie das Kind in seinen Eigenheiten ernst nehmen und seine Persönlichkeitsentwicklung unterstützen.

Allerdings musste man entdecken, dass auch ein sehr offener Erziehungsansatz problematisch werden kann. Wenn man die Kinder ausschliesslich „sich entfalten" lässt, ohne sie zu lenken, entwickeln sie ausufernde Verhaltensweisen, die mit der Gesellschaft kaum noch vereinbar sind. Solche Kinder lassen sich nur mehr schwer in eine Schulklasse oder eine andere Gemeinschaft integrieren, sie folgen im Wesentlichen ihren eigenen Gesetzen. Heute wissen wir, dass gewisse Grenzen in der Erziehung sehr wichtig sind, damit die Kinder gesellschaftsfähig werden und auch lernen, mit den eigenen inneren Begrenzungen umzugehen. Am sinnvollsten dürfte es wohl sein, einige klare Grenzen zu definieren, die einen gewissen Spielraum zulassen. Diesen kann man dann mit den Kindern kreativ füllen.

5.5 Welche Lernform ist die richtige?

In der Erziehung finden wir in der Regel alle drei oben beschriebenen Lernformen. Sie werden mehr oder weniger gezielt von Eltern und anderen Erziehenden (z.B. Lehrpersonen) eingesetzt. Dabei ist es gar nicht so einfach zu entscheiden, welche Mittel in einer gegebenen Situation optimal sind, da jedes Kind andere Bedürfnisse hat. Zudem bestehen gesellschaftliche Rahmenbedingungen (z.B. Schulsystem, gebräuchliche Sitten, Gesetze), welche ebenfalls beachtet werden müssen. So kann es geschehen, dass trotz grosser Bemühungen der Erziehenden Probleme entstehen.

Leider sind manchmal ganze Gesellschaftsgruppen Opfer von ungünstigen Erziehungspraktiken. In meiner Praxis erlebe ich es beispielsweise gehäuft, dass vor allem Frauen, speziell ältere, ihre Persönlichkeit kaum aufbauen konnten. Sie lernten primär mittels Imitation und Konditionierung, wie sie zu funktionieren haben: für die anderen da sein, nicht zu viele eigene Wünsche haben, dem Mann eine stützende Kraft sein, als liebevolle Mutter den Haushalt erledigen und anderes mehr. Wollten sie diese Rollen sprengen, wurde das schlecht aufgenommen. Spielten sie die Rollen gut, waren sie angesehen und konnten dadurch in ihrem Tun eine gewisse Befriedigung und einen gewissen Halt erleben. Doch wehe, wenn das Leben plötzlich andere Dinge als das gelernte Verhalten forderte. Da diese Frauen nur für diese eine Form lebenstüchtig gemacht worden waren, standen sie im Leeren. Damit brach die ganze Selbstsicherheit ein. Sie fühlten sich überfordert und wussten nicht mehr, wie sie den Alltag meistern konnten.

Heute wird zum Glück meistens darauf geachtet, dass auch Mädchen eine eigene Persönlichkeit entwickeln dürfen. Man lässt ihnen Raum für die Entfaltung individueller Fähigkeiten. Zudem ist es üblich, dass sie selbst entscheiden, welche Lebensformen ihnen zusagen (Familienfrau, Berufsfrau, Kombination von Familie und Beruf oder anderes).

Ein wichtiger Vorteil einer offenen Erziehungsform ist folgender: wenn die Persönlichkeit vorwiegend auf der Grundlage von Imitation und Konditionierung aufgebaut wird, lernt die entsprechende Person nicht, Probleme mit ihren eigenen Mitteln zu lösen. Sie kann sich nämlich einfach auf die bestehenden Strukturen berufen, in denen meistens gewisse Regeln bestehen, wie mit bestimmten Problemen umzugehen ist. Damit erfährt die Person auch nicht, dass sie im Grunde genommen ein eigenes Potential an Möglichkeiten hätte, selbst kreativ mit dem Leben umzugehen. Das Selbstvertrauen kann meistens nur innerhalb des gewohnten Rahmens bzw. der vertrauten Struktur aufrechterhalten werden. In einer total anderen Situation sind solche Menschen häufig verloren.

Damit wir unsere ganzen kreativen Möglichkeiten entfalten können, müssen wir also auch die Gelegenheit bekommen, diese Teile in uns kennen und nutzen zu lernen. Wird uns dies zugestanden bzw. gestehen wir es uns selbst zu, werden wir wunderbare Kräfte in uns entdecken. Lenken wir sie dann noch in die richtigen Bahnen, können grosse Ideen den Weg in diese Welt finden. Ich denke, Genies zeichnen sich vor allem dadurch aus, dass sie sehr eigenwillige Menschen oder gar Sonderlinge sind, die sich ihren Geist nicht einkerkern liessen und lassen. Sie erlauben sich, Visionen Raum zu geben und sie zu leben. Wenn dazu noch eine gesunde Intelligenz kommt, können sie Grosses erschaffen.

Die Geschichte zeigt uns eindrücklich: wer fähig ist, in kreativer Form Probleme zu lösen, überlebt selbst unter schwierigen Bedingungen. Man bestaune nur schon all die Tiere und Pflanzen, welche in unwirtlichsten Lebensräumen Möglichkeiten fanden, ihr Fortbestehen zu sichern (vgl. auch Kapitel 4). Sie entwickelten teilweise erstaunliche Mechanismen. Wer dies nicht leisten kann, geht unter, wenn das Leben plötzlich ganz neue Spielregeln diktiert.

5.6 Erweiterung des Wissens durch Intuition

Wenn wir von der Kreativität sprechen, sollten wir auch einen Blick auf die Intuition werfen, die man als Teilaspekt des schöpferischen Denkens betrachten könnte. Und doch gibt es wichtige Unterschiede zwischen den beiden Formen.

Kreativität kann man bis zu einem gewissen Grad üben und mit verschiedenen Techniken gezielt fördern. Intuition hingegen ist etwas, das unerwartet quasi über einen herfällt. Der Ausdruck „GeistesBLITZ" ist somit sehr treffend. Häufig empfindet man solche Geistesblitze insofern als speziell, als man ihre Quelle als weit weg und ausserhalb von sich selbst erlebt.

Bei uns allen können Intuitionen alte Wissens-Strukturen mit völlig unerwarteten Inhalten bereichern und uns so zu ganz neuen Lösungen für bestimmte Probleme führen. Die einzige Bedingung dafür: wir müssen unsere Kreativität zulassen und dürfen nicht Angst davor haben, unsere Denk- und Lernprozesse in neue, möglicherweise unkonventionelle Richtungen zu erweitern.

Bei meiner Arbeit erfahre ich diesen kreativen Teil häufig als sehr nützlich. Beispielsweise erlebte ich kürzlich mitten in einer Therapiesitzung einen solchen Geistesblitz. Plötzlich schoss mir einfach eine Idee in den Kopf, wie mein Buch weitergehen sollte. Sofort wurde die alte „Buch-Struktur" in meinem Denken verändert und an die neue Idee angepasst, womit ich eine weitaus bessere Version gefunden hatte als vorher, als ich noch in sehr starren Strukturen nach Lösungen gesucht hatte.

In all den bisherigen Ausführungen wurde immer wieder sichtbar, dass die Entwicklung verschiedentlich gestört werden kann. In den folgenden Kapiteln werde ich nun genauer auf einzelne Probleme eingehen, welche in den verschiedenen Bereichen auftreten können.

Kapitel 6 – Probleme in der Entwicklung
6.1 Einführung

Möglicherweise geht es dir – lieber Leser – gleich wie mir: je mehr man über die Mechanismen von Entwicklungsvorgängen weiss, umso mehr wird klar, wie unendlich gross dieses Feld ist, wie unendlich viele Möglichkeiten bestehen. Zwar kann man einzelne Faktoren isoliert betrachten und so gewisse Grundsätze verstehen. Aber schlussendlich ist alles ein komplexes Zusammenspiel unterschiedlichster Variablen, von denen es mit Sicherheit noch etliche unbekannte und unerforschte gibt.

Alle wünschen wir uns, dass unsere Entwicklung sowie diejenige unserer Liebsten optimal verläuft. Alle möchten wir Fülle und Erfüllung in unserem Leben erfahren. Doch alle wissen wir, dass dies nicht ganz einfach ist. Viele erschwerende Faktoren beeinträchtigen die Entfaltung von Möglichkeiten, die uns an sich gegeben wären. Wir spüren zwar das Potential in uns, sind aber unfähig, es zum Erblühen zu bringen. Es liegt auf der Hand, dass wir nach Gründen forschen und Lösungen finden möchten. Beides kann jedoch sehr herausfordernd sein, weil es in uns Schichten gibt, die sich unserem Bewusstsein mehrheitlich entziehen. Sie prägen aber unser Lebensgefühl und unser Verhalten oft sehr stark. Wenn wir keine Form finden, sie zu bearbeiten, sind wir quasi Opfer unseres eigenen Unvermögens.

Doch immer wieder gab und gibt es Menschen bzw. Gruppen, die beweisen, dass unmöglich Erscheinendes möglich werden kann. Sie schaffen es, sich trotz schwierigster Verhältnisse ein Leben aufzubauen, in dem sie ihre Visionen umzusetzen vermögen. Denken wir beispielsweise an behinderte Personen. Gerade bei der Paralympic (olympische Spiele behinderter Personen) zeigen sie uns teilweise eindrücklich, wie sie trotz ihren Begrenzungen Möglichkeiten finden, unglaubliche Leistungen zu vollbringen. Bekanntes Beispiel dafür ist die Schweizer Sportlerin Edith Hunkeler. Mit 22 Jahren wurde sie durch einen Autounfall querschnittgelähmt. Trotz dieses traumatischen Ereignisses und der massiven Einschränkung in ihrer Bewegungsfreiheit gab sie sich nicht auf. Gleich nach ihrer Rehabilitation reiste sie für 5 Monate in die vereinigten Staaten, wo sie auch mit dem Rollstuhlsport in Berührung kam. Die Folgen davon sind uns bekannt: jahrelang gewann die Frau bei Rennen Medaillen. Auch im Privatleben liess sie sich nicht einschränken: 2010 schenkte sie einer Tochter das Leben, ein Jahr darauf heiratete sie ihren Partner.

Eine weitere prominente Person, die Beeindruckendes leistet, ist der Thurgauer Nationalrat Christian Lohr. Als eines der Contergan-Opfer (vgl. Kapitel 3) kam er ohne Arme und mit sehr kurzen Beinen auf die Welt. Die Behinderung fesselt ihn an den Rollstuhl. Doch Herr Lohr liess sich vom Schicksal nicht entmutigen und baute sich ein Leben auf, das uns staunen lässt. Trotz aller Einschränkungen wirkt er als Journalist, Hochschuldozent, Sportfunktionär und seit 13 Jahren auch in der Politik. Sein rechter Fuss ersetzt ihm bei etlichen Tätigkeiten eine Hand („Händeschütteln" bei Begrüssungen, Schreiben, Essen etc.). Auf die Frage, ob er sein Leben als eindeutig lebenswert bezeichnen würde, antwortete er in der Sonntagszeitung „Schweiz am Sonntag" vom 4.8.2012: *„Ja – mit drei Ausrufezeichen! – Ich habe zwar Einschränkungen, aber viele von ihnen sind von aussen betrachtet einschneidender als für mich selbst. Manche Leute sagen: ‚du bist im Rollstuhl und musst auf so vieles verzichten.' Was für eine einseitige Sicht! Der Sinn und der Wert des Lebens wurden mir im Laufe der Zeit immer mehr bewusst."* Dieses Zitat spricht für sich selbst und macht uns klar, dass die innere Einstellung wahrscheinlich zentral ist, wenn es darum geht, Schicksalsschläge zu verkraften und trotz erschwerter Bedingungen unbeirrt ein Leben aufzubauen (vgl. dazu auch Kapitel 4).

Zwei Wege, die für meine eigene Arbeit bedeutend sind, möchte ich näher vorstellen, und zwar in den Kapiteln 7 und 8. Vorher werde ich aber noch etwas detaillierter darauf eingehen, wie eine Entwicklung gestört oder gar unterbunden werden kann. Einiges davon wurde schon in den vorangehenden Kapiteln angesprochen. Ich möchte dieses Wissen noch etwas erweitern, aber auch klar darauf hinweisen, dass diese Thematik viele dicke Bücher zu füllen vermag. Die folgenden Ausführungen sollen lediglich eine Idee vermitteln, was alles schief gehen könnte. Dank deiner eigenen Erfahrungen und Studien – lieber Leser – bist du sicher in der Lage, die Gedanken weiter zu spinnen.

Nun gehe ich kurz auf jeden der vier bereits beschriebenen Bereiche ein, die in den Kapiteln 2 bis 5 dargestellt wurden, nämlich die genetischen Voraussetzungen, den Prozess der Reifung, die Umwelteinflüsse und das Lernen.

6.2 Genetik

Manchmal wirkt Genetik auf uns wie eine Wundertüte. Man nehme die Chromosomen der Eltern, schüttle sie gut durch und werfe sie auf den Tisch. Aus einer unendlichen Vielfalt von Möglichkeiten wird scheinbar willkürlich eine Auswahl getroffen, die in der Folge einiges beim Menschen determiniert. Wenn man Glück hat, erhält man durch sein Erbe wunderbare Grundlagen, die einem manches im Leben erleichtern. Wenn man Pech hat, wird man mit mehr oder weniger schwierigen Aspekten konfrontiert.

Ich glaube, dass ich auf diesen Punkt nicht weiter eingehen muss, da uns allen bewusst ist, dass uns unser Erbgut stark prägt. Zudem ist bekannt, dass es in diesem Bereich auch Störungen gibt. Wir kennen heute eine Vielzahl von Erbkrankheiten. Einzelne von ihnen verursachen leichte Beeinträchtigungen, andere führen gar zu Lebensunfähigkeit. Dazwischen gibt es viele Varianten.

Auch gesundes Genmaterial kann uns mit unliebsamen Schranken versehen. Man denke beispielsweise an vererbte Einschränkungen bei der Intelligenzentwicklung, der körperlichen Kraft bzw. Sportlichkeit, der Fähigkeiten im emotionalen oder auch im spirituellen Bereich. Ob wir wollen oder nicht: wir müssen mit den Gegebenheiten leben und innerhalb dieses Rahmens Wege für unsere Entfaltung finden.

6.3 Reifung

Auch diesen Bereich möchte ich nur kurz streifen. Wesentliches wurde bereits in Kapitel 3 dargestellt. So wurde dort gezeigt, dass u.a. Mangelernährung der Mutter sowie Drogenkonsum oder Einnahme gewisser Medikamente während der Schwangerschaft die Reifeprozesse beim Fötus stark beeinträchtigen können.

Ein weiterer wichtiger Faktor, der spätestens nach der Geburt von grosser Bedeutung ist, sind äussere Reize. Fehlen diese, bleiben entsprechende Reifeprozesse aus. Heute kann man davon ausgehen, dass bereits während der Schwangerschaft Entwicklungen stattfinden, die ebenfalls auf äussere Reize angewiesen sind. Diverse Forschungen zeigen nämlich, dass grundlegende Aktivitäten des Gehörs schon im Mutterleib ausgebildet werden.

6.4 Lernen

In Kapitel 5 wurden verschiedene Komponenten des Lernens recht ausführlich dargestellt. Bei jedem einzelnen dieser Teilbereiche sind natürlich auch Störungen möglich. Sehr vertraut sind uns z.B. Konzentrationsstörungen bei Kindern. Aber auch eine beeinträchtigte Wahrnehmung wirkt sich erschwerend auf das Lernen aus. Dabei können die Wahrnehmungsorgane selbst betroffen sein, der entsprechende Sinn also eingeschränkt funktionieren (z.B. Schwerhörigkeit oder schwache Sehfähigkeit). Daneben gibt es aber auch zentrale Störungen. Diese betreffen dann meistens die Verarbeitung des Wahrgenommenen im Gehirn. Ein klassisches Beispiel dafür sind die Legastheniker: Hör- und Sehkraft sind bei ihnen meistens intakt, aber bei der Verarbeitung der Buchstaben- und Lautformen sind sie wenig erfolgreich. So entsteht beispielsweise aus dem Buchstaben „b" plötzlich ein „p", „ie" wird im Diktat als „ei" geschrieben, die letzten Buchstaben eines Wortes finden den Weg nicht aufs Papier, obschon das Kind das Wort korrekt ausspricht (samt letztem Buchstaben) und anderes mehr.

Wie komplex sich die Begriffsbildung gestaltet, wurde bereits in den Kapiteln 1 und 5 aufgezeigt: Erfahrungen werden aufgenommen und vielfältig miteinander vernetzt. Dem Beobachter bleibt dabei verborgen, welche Aspekte eine Person für sich verwertet und wie sie diese Teile miteinander verknüpft. Je nach dem entstehen Gebilde, welche die Realität unterschiedlich präzise abbilden. Im schlechtesten Fall sind sie unvollständig oder sogar so sehr verzerrt, dass sie problematisch werden können. Möchte die entsprechende Person weiteres Wissen aufbauen, fehlt ihr dann eine tragende Grundlage. An der Universität staunte ich manchmal: verglich ich meine Notizen mit denjenigen anderer Studierender, enthielten sie teilweise völlig unterschiedliche Fakten. Es war mir ein Rätsel, wie die Kolleginnen aufgrund der Vorlesung zu solchen „Einsichten" gekommen waren. Glücklicherweise erwies sich meine Version meistens als korrekt.

Dass solche Probleme entstehen, hat häufig auch mit untauglichen oder fehlenden Lernstrategien zu tun. Diese können beispielsweise zu einer Unfähigkeit führen, Aufmerksamkeit und Konzentration aufrecht zu erhalten. Damit entstehen Lücken bei aufgenommenen Inhalten, was dann verschiedene Möglichkeiten offen lässt, z.B. die folgenden:
a) Die Lücken bleiben bestehen, der Stoff wird damit unlogisch und/oder unverständlich.
b) Die Lücken werden mit eigenen Schlussfolgerungen gefüllt. Sind diese falsch, ist somit der ganze Lerninhalt verzerrt oder falsch.

Ein verbreitetes Phänomen im Schulalter ist eine mangelnde Integration der beiden Hirnhälften. Rechte und linke erfüllen verschiedene Funktionen und müssen beide in den Lernprozess einbezogen werden. Ist dies nicht der Fall, tun sich die Kinder sehr schwer, Lerninhalte zu verstehen und aufzunehmen.

Wesentlich beim Lernen ist auch die Gedächtnisleistung. Findet eine Person keine wirksamen Strategien, kann sie sich Fakten nicht merken bzw. Abläufe nicht genügend automatisieren. Damit fehlen Grundlagen für ein weiteres Lernen.

Ein nicht zu unterschätzendes Problem sind leider unsere Schulen. Dort wird von uns erwartet, dass wir Lerninhalte, die von einer Lehrperson vermittelt werden, verarbeiten und integrieren können. Doch dies ist nur möglich, wenn der neue Stoff so vermittelt wird, dass er von den Lernenden mit ihren individuellen Grundlagen verstanden werden kann. Leider gibt es zu viele Lehrpersonen, welche die Inhalte nicht in einer passenden Form darstellen. Vor allem schwächere Schüler sind in dieser Situation überfordert: es gelingt ihnen nicht, mit ihren Strategien neue Lerninhalte mit ihren bestehenden Begriffen zu verknüpfen. Als Folge können sie den Lernstoff nicht oder nur unvollständig aufnehmen. Damit fehlt ihnen aber eine Basis für weitere, darauf aufbauende Lerneinheiten und sie werden „abgehängt".

6.5 Umwelt

Der Stellenwert der Umwelteinflüsse in der Entwicklung ist beträchtlich. Das kann Eltern ängstlich machen, weil sie unter keinen Umständen ihrem Kind in irgendeiner Form schaden möchten. Doch trotz aller Anstrengung können sie es kaum vermeiden, dass Situationen entstehen, welche unliebsame Spuren im System der Kinder hinterlassen.

Kommt beispielsweise eine Mutter an einen Punkt, wo sie über einen Schwangerschaftsabbruch nachdenken muss, entsteht im Grunde genommen eine lebensbedrohende Situation für den Fötus. Es ist sehr wahrscheinlich, dass sich Personen mit einer solchen Erfahrung im frühen Stadium der Entwicklung ihres Daseins nie ganz sicher fühlen. Das kann zu unterschiedlichen Reaktionen führen: möglicherweise wird sich die Seele nie wirklich auf den Körper einlassen, ihr Potential folglich nicht entfalten. Eine andere wählt ev. gerade den entgegengesetzten Weg: sie kämpft immer und überall darum, lebendig sein zu dürfen. Ihr ganzes Leben ist ein einziger Kampf, was sehr anstrengend ist und selten eine tiefe Entspannung zulässt.

Ein grosses Spektrum an möglichen Problemen öffnet sich beim Geburtsvorgang. Ausserordentliche Stresssituationen von Mutter und Kind können tiefe Spuren hinterlassen, welche die beiden nachhaltig prägen. Ausschlaggebend ist in diesem Fall, dass die Beteiligten fähig sind, eine Situation zu schaffen, in der sich alle aufgehoben und sicher fühlen. Ist dies nicht der Fall, kann im Baby ein Gefühl der Panik entstehen. Gelingt es nicht, dieses sogleich aufzufangen, gerät das Nervensystem bereits zu diesem frühen Zeitpunkt aus dem Gleichgewicht. Damit wird das entsprechende Wesen Zeit seines Lebens anfälliger auf Stress reagieren und sich schnell überfordert fühlen, wenn es sich mit einer herausfordernden Situation konfrontiert sieht.

Ein weiteres Phänomen ist ein tiefes Gefühl der Verlorenheit des Babys, wenn es bei der Geburt den Kontakt zu seiner Mutter verliert. Dies kann geschehen, wenn die Mutter ihre Energien nicht aufrecht halten kann (z.B. bei Stress, grossen Schmerzen, Narkose etc.) oder wenn es nach der Geburt sogleich von ihr weggenommen wird (z.B. aus medizinischen Gründen oder wegen Unachtsamkeit).

Es gibt noch eine grosse Anzahl weiterer solch ungünstiger Szenarien. Viele drehen sich jedoch um die gleiche Frage: fühlt sich das kleine Wesen sicher oder nicht? Kann dieses Grundbedürfnis gestillt werden, ist das Kind in der Lage, auch mit schwierigsten Bedingungen erfolgreich umzugehen.

Aus diesem Grund ist die Beziehung zwischen Baby und Bezugsperson äusserst wichtig für eine gesunde Entwicklung. Kann es sich nicht vollständig darauf verlassen, jederzeit gehalten und beschützt zu werden, wird das kleine Wesen Lebensstrategien entfalten, die sich teilweise als recht problematisch erweisen können. Folgende Szenarien sind möglich:
– Die Person traut sich nichts zu.
– Sie kann sich schwer von den Eltern ablösen.
– Sie verharrt in vertrauten Lebensumständen, selbst wenn diese unbefriedigend sind.
– Sie begegnet dem Leben stets mit einer Kampfhaltung, weil dieses potentiell bedrohlich wirkt.
– Sie entwickelt starke Kontrollmechanismen, um mögliche Gefahren zu vermeiden.

Diese Ausführungen machen deutlich, wie verheerend sich ein Aufwachsen als Verdingkind, ein Verlust der Heimat in frühen Jahren (Flüchtling) oder ähnliche traumatisierende Erfahrungen auf einen heranwachsenden Menschen auswirken können.

Grundlegend für eine gesunde Entwicklung ist neben einer tragenden Beziehung auch ein Raum, den das Kind kreativ füllen kann. Es muss die Möglichkeit haben, mit dem Leben in seiner ganz eigenen Form in Kontakt zu treten. Dabei kann es sich ein Erfahrungswissen aufbauen, mit welchen Strategien es erfolgreich ist. Diese können in der Folge weiter ausgebaut werden, so dass es innerhalb der gegebenen Möglichkeiten Wege findet, sein Potential optimal zur Geltung zu bringen.

Wird dieser Raum nicht gegeben, muss das Kind notgedrungen beobachtetes Verhalten von anderen übernehmen, auch wenn dieses ungünstig oder gar krankhaft ist. Raumfressende Faktoren können z.B. überängstliche Eltern sein, aber auch eine Gesellschaft, welche ihre Mitglieder in ein bestehendes System zwängt, in dem kreative Entfaltung nicht erwünscht ist.

Damit wären wir bei der Erziehung angelangt. Hier stellt sich häufig die Frage, wo einem Individuum Spielraum für Eigenes gewährt werden kann und wo es sich zum Wohle aller anpassen muss. Dies ist nicht zuletzt eine Ermessensfrage, welche teilweise kulturell gesteuert ist.

Was zu wenig Raum bewirkt, wurde oben bereits besprochen. Aber auch ein zu viel an Raum bringt Probleme: Grenzen sind nämlich nicht nur einschränkend, sondern geben auch Orientierung. Ein unendlicher Raum erzeugt in uns ein Empfinden von Verlorenheit, womit wir uns weder gehalten noch sicher fühlen. Um dem entgegen zu wirken, wird ein Wesen ein Verhalten aufbauen, das ihm schlussendlich doch noch Kontakt mit Grenzen verschafft. Dies kann so weit führen, dass es kriminell wird. Zudem ist es sehr ungünstig, wenn die ganze Energie in das Bestreben gelenkt wird, einer inneren Verlorenheit entgegen zu wirken. Damit ist der Fokus vorwiegend auf die Vermeidung von Leiden gerichtet. Das hat dann nicht mehr viel mit unserem tiefen Wunsch zu tun, dem Leben freudvoll und optimistisch zu begegnen und dabei unser Potential so einzubringen, dass es für alle bereichernd ist.

Es gibt noch einen weiteren Grund, weshalb Grenzen für die Entwicklung von grosser Bedeutung sind: Soll ein Kind eine gesunde Persönlichkeit aufbauen, muss es ein Ich-Gefühl entwickeln. Dies ist aber nur möglich, wenn es erkennt, dass es etwas gibt, das NICHT „Ich" ist, das anders denkt und fühlt als es selbst. Dafür braucht es Erfahrungen mit Widerstand. Sagt eine Bezugsperson „nein", macht sie damit deutlich, dass sie andere Vorstellungen hat als das Kind. Damit entdeckt dieses, dass es nicht einfach ein Teil der vertrauten Person ist, wie es der Säugling in der symbiotischen Phase noch erlebt. Vielmehr ist es offensichtlich etwas Eigenständiges, das ganz eigene Ideen hat. Diese Erkenntnis ist u.a. grundlegend dafür, dass sich soziale Formen entwickeln können. Nur wenn es ein fühlendes und denkendes Gegenüber gibt, das einem wichtig ist (Eltern sind für das Kind immer wichtig, denn sie sichern sein Überleben), macht der Aufbau von sozialem Verhalten Sinn. Und dieses ist ein wichtiger Teil der Gesamtentwicklung.

Was auf dem Papier manchmal so logisch und einfach wirkt, ist in der Realität häufig ein bisschen komplexer. Nicht jedes Kind braucht die gleichen Erziehungsimpulse. Einige benötigen viel Raum und können damit auch gut umgehen. Andere sind auf viele und klare Grenzen angewiesen. Was wann richtig ist, bleibt vielfach eine Ermessensfrage, für deren Beantwortung es keine Rezepte gibt.

Wie soll man nun aber als Erzieher reagieren, wenn klar definierte Räume dauernd überschritten werden? Dazu gibt es Unmengen von Büchern und Ansichten. Dieses Büchlein ist nicht der Ort, wo diese Literatur diskutiert werden kann. Ich möchte nur einen Punkt kurz berühren: das Thema Strafen.

Wir sind uns wohl einig, dass falsches Verhalten Konsequenzen haben muss. Diese müssen aber fair sein und dürfen die betreffende Person nicht in ihrer Würde verletzen. Wenn jemand ständig zu hören bekommt, welch ein Versager er ist, wird sich ein tiefes Gefühl der Wertlosigkeit einnisten. Erfolgt gar wiederholt psychische oder körperliche Gewalt, kann eine Person innerlich so gebrochen werden, dass sie jegliches Vertrauen in sich und die Welt verliert. Eine Entwicklung des eigenen Potentials ist unter solchen Umständen sehr eingeschränkt. Gefährlich sind auch Aussagen wie „Gott wird dich dann schon noch strafen". An wen soll man sich in einer inneren Not noch wenden, wenn selbst Gott rachesüchtig ist und einen zerschmettern kann?

Diese Überlegungen führen zu einem weiteren Punkt, nämlich die mehr oder weniger hilfreichen Überzeugungen einer Gemeinschaft, sei dies die Familie, der Staat, eine Sekte oder anderes. Wachse ich als Mädchen beispielsweise in einer Gesellschaft auf, in der Frauen grundsätzlich dazu da sind, pflichtbewusst ihre Männer zu unterstützen und Kinder in die Welt zu setzen, werde ich Mühe damit haben, mein ureigenes Naturell zu entfalten. Erstens lerne ich gar nicht, dieses zu beachten, zweitens werden entsprechende Versuche in jüngeren Jahren wahrscheinlich abgeklemmt, damit ich mich zu einem „wertvollen Mitglied der Gemeinschaft" entwickle.

Wenn man sich mit Einflüssen aus der Umwelt befasst, die eine Entwicklung wesentlich beeinträchtigen können, sollte man einen Blick auf ein weiteres grosses Gebiet werfen: die Traumatologie. Weil sie meines Erachtens essentiell zum Verständnis unserer Probleme beiträgt und uns dabei auch aufzeigt, wie man selbst mit grossen Belastungen erfolgreich umgehen kann, möchte ich ihr nachfolgend ein gesondertes Kapitel einräumen.

Kapitel 7 – Traumatologie

7.1 Einführung

Täglich stehen wir vor mehr oder weniger grossen Herausforderungen, die wir gemäss unseren Möglichkeiten meistern. Auch wenn wir nicht alles zu unserer Zufriedenheit richten können, sind wir doch meistens in der Lage, für die verschiedenen Situationen Lösungen zu finden, die ihren Zweck erfüllen.

Es kann aber vorkommen, dass wir völlig unerwartet mit einem Ereignis konfrontiert werden, das uns in jeder Hinsicht überfordert. Es übersteigt unsere Möglichkeiten, eine Lösung zu finden. Wir sind überwältigt und geraten in eine mehr oder weniger grosse Panik. Da wir die Situation nicht wirklich meistern können, hinterlässt die entsprechende Erfahrung unschöne Spuren in unserem gesamten System (vor allem im Energie- und Nervensystem, ebenso in der Psyche, der Muskulatur und anderen Bereichen). Damit stehen wir vor der Tatsache, dass wir uns ein Trauma eingefangen haben. In der Folge möchte ich aufzeigen, was ein Trauma genau bedeutet, wie es sich auf den Menschen auswirkt und wie dem Betroffenen geholfen werden kann.

Bevor ich aber mit den entsprechenden Ausführungen beginne, möchte ich noch eine Begriffsklärung vornehmen. Ich spreche häufig von einem „System". Ganz allgemein bezeichnet ein System eine Gesamtheit von Elementen, die alle miteinander verbunden sind und in einer Wechselwirkung stehen, also einander beeinflussen. So ergeben sie eine Einheit, die einen bestimmten Zweck erfüllt.

Betrachten wir zur Veranschaulichung das Verdauungssystem. Es setzt sich aus mehreren Organen zusammen, u.a. dem Magen, der Leber und den Därmen. Jedes dieser Organe erfüllt gewisse Aufgaben, indem es z.B. Verdauungssäfte produziert, Gifte neutralisiert und abbaut und anderes. Ist die Funktion von einem dieser Organe gestört, gerät die ganze Verdauung in ein Ungleichgewicht und wir leiden unter Blähungen, Durchfall und dergleichen.

Neben diesem System existieren noch andere Systeme wie das Nervensystem (besteht u.a. aus Hirn und Nerven), das Kreislaufsystem (besteht u.a. aus Herz, Blutgefässen und Blut), das Sehsystem (besteht u.a. aus Augen und Sehnerv) und viele weitere. Zusätzlich zu diesen Organsystemen gibt es ein Energiesystem mit verschiedenen Energien, Energiezentren, Energiefeldern und Energiebahnen.

Jedes dieser Systeme können wir einzeln betrachten, seine Bestandteile studieren und erkennen, wie sie miteinander in einem Zusammenhang stehen. Aber schlussendlich, wenn wir den Körper als Ganzes anschauen, ist er ein riesengrosses System, das aus vielen „Untersystemen" besteht, die wiederum in einer Beziehung zueinander stehen. Was bedeutet dies z.B. für das Verdauungssystem?

Im Prinzip können wir dieses nicht vom Kreislaufsystem abgekoppelt verstehen, denn all die Verdauungsorgane wollen mit Blut versorgt werden. Zudem nimmt das Blut die Nährstoffe auf, welche im Verdauungssystem herausgefiltert werden. Auch die Nerven spielen eine wichtige Rolle: Wenn ein Wesen unter Stress steht, wird die Verdauung nämlich auf ein Minimum reduziert, damit die ganze Energie für die Bewältigung der bestehenden Herausforderung zur Verfügung steht. Erst wenn sich wieder eine Entspannung einstellt, nehmen die entsprechenden Organe ihre Arbeit wieder vermehrt auf. Dies alles steht in einer Wechselwirkung mit dem ganzen Energiesystem, das für sich alleine schon sehr kompliziert ist. Wie schon gesagt: schlussendlich ist das Ganze ein hochkomplexer Riesenapparat.

Wenn ich nun in der Folge von „System" spreche, meine ich immer dieses grosse Ganze. Manchmal verweise ich aber auch einfach auf den Körper. Damit habe ich natürlich wiederum dieses grosse Ganze im Blickfeld. Gleichzeitig möchte ich aber in einem solchen Fall die Rolle des Körpers betonen. Auf diese Art soll bewusst gemacht werden, dass gewisse Gegebenheiten, die man gerne nur der Psyche zuschreibt, ganz tief in uns eingegraben sind, eben auf der körperlichen Ebene, quasi eingebrannt in jede einzelne Zelle. Manche Menschen glauben nämlich, um ihre Probleme zu lösen müssten sie nur deren Ursachen herausfinden und diese geistig bearbeiten. Doch dies reicht oft nicht aus. Der Körper ist in der Regel sehr viel mehr beteiligt als ihnen bewusst ist. Gerade in Bezug zur Arbeit mit Traumen ist dieser Aspekt sehr wichtig, wie wir gleich sehen werden.

7.2 Was ist ein Trauma?

Sobald sich ein Lebewesen bedroht fühlt, beginnt es augenblicklich, sich zu orientieren: Es versucht zu eruieren, wie die Situation aussieht und welche Möglichkeiten es hat, sie erfolgreich zu meistern. Falls es das Objekt der Bedrohung nicht sofort als etwas einordnen kann, vor dem es gar keine Angst haben muss, baut es blitzartig Energie auf, um sich wehren oder weglaufen zu können:
- Adrenalin wird ausgeschüttet.
- Das Blut zieht sich aus den Verdauungsorganen und der Haut zurück und fliesst in die grosse motorische Fluchtmuskulatur.
- Die Atmung wird schneller und flacher, etc.

Kurz: der Körper mobilisiert für einen Kampf oder eine Flucht. Erkennt das Wesen dann allerdings, dass beide Möglichkeiten nicht realisierbar bzw. nicht erfolgsversprechend sind, gerät der Körper in einen Zustand der Erstarrung. Dieser ist biologisch bedingt und kann entwicklungsgeschichtlich erklärt werden:

Bereits sehr primitive Organismen sind in der Lage, ihre Körperfunktionen so weit zu drosseln, dass sie kaum Sauerstoff und/oder Nahrung brauchen. Damit können sie auch in unwirtlichsten Situationen relativ lange überleben.

Es scheint, als würde der Mensch in einer bedrohlichen Situation stets versuchen, mit einer evolutionsmässig höher entwickelten Möglichkeit Lösungen zu finden, bevor er sich mit einer „primitiveren" Variante behilft. Zuerst denkt er kurz nach, wie er reagieren könnte. Findet er nicht sofort eine brauchbare Antwort, erfolgt ein instinktives Verhalten, das auch im Tierreich üblich ist: es wird für Kampf oder Flucht aufgerüstet. Erst zuletzt, wenn alles aussichtslos erscheint, erfolgt der wahrscheinlich älteste Schutzmechanismus: die Erstarrung, also das Ausharren in einer unwirtlichen Situation mit der Hoffnung, so überleben zu können.

Durch diese Erstarrung entsteht nun aber ein Problem: die ganze Energie, die der Körper für Kampf bzw. Flucht aktiviert hat, bleibt ungenutzt. Das Nervensystem verharrt damit in einer Übererregung, die es nicht abbauen kann.

Um das Ganze zu veranschaulichen, folgt hier ein Beispiel:

Stellen wir uns vor, ein kleines Kind befindet sich für kurze Zeit alleine in der Wohnung, weil die Mutter schnell Wäsche in die Waschküche bringt. Doch genau in diesem Augenblick sieht es plötzlich eine riesige Spinne, die ihm fürchterlich Angst einjagt. Es beginnt panisch zu schreien, doch niemand ist da, der ihm helfen könnte. Da es nicht weiss, wohin es in seiner Not flüchten könnte, bleibt es wie erstarrt an Ort sitzen und brüllt nur noch. Kehrt die Mutter nun aus der Waschküche zurück, wird sie ein Kind vorfinden, das sich in einer grossen inneren Erregung befindet. Wie von Sinnen schreit es und scheint nicht mehr in der Lage zu sein, sich in ihren schutzgebenden Schoss zu flüchten. Natürlich wird die Mutter sofort versuchen, ihr Kind zu beruhigen und herauszufinden, warum es sich so erschreckt hat. Als erstes wird sie es vermutlich in die Arme nehmen und in leisem, ruhigem Tonfall zu sprechen beginnen, damit es merkt, dass es sich wieder in Sicherheit befindet. Langsam kann sich das Kind so aus seiner inneren Erstarrung lösen. Damit es sich vom Schock jedoch vollständig erholt, muss es noch die gestauten Kampf- bzw. Fluchtenergien entladen können. Möglicherweise wird es deshalb noch lange weinen und/oder sogar zu zittern beginnen. Beides sind Selbstregulationsmechanismen des Körpers, die biologisch angelegt sind und ihm erlauben, sich wieder in ein Gleichgewicht zu bringen.

Bleibt das Kind allerdings zu lange mit seinem Elend alleine oder kann es von der Mutter nicht beruhigt werden, wird es zwar irgendwann aus seiner Erstarrung finden, aber die aufgebaute Energieladung bleibt im Körper gestaut. Erfolgen weitere Traumatisierungen, wird das Nervensystem von Mal zu Mal in einen höheren Erregungszustand versetzt. Das bedeutet, dass die betreffende Person immer schneller und bei immer geringerer Belastung mit viel Stress reagieren wird, da sie mit ihrem ohnehin schon angespannten Nervensystem recht schnell an ihre Grenzen gerät.

7.3 Folgen eines Traumas

Bei einem Trauma erlebt eine Person, dass sie durch eine spezifische Situation überwältigt wurde. Sie wird in Zukunft folglich vermeiden, dass sie mit solchen oder ähnlichen Erlebnissen konfrontiert wird, um sich vor einer möglichen Bedrohung zu schützen. In unserem Beispiel kann dies bedeuten, dass das Kind nicht mehr in den Keller gehen will, weil es weiss, dass es dort Spinnen hat. Sieht es trotz Vorsichtsmassnahmen irgendwo ein solches Tier, wird es sogleich mit einer Panikreaktion des Körpers konfrontiert, der den vergangenen Schreckmoment gespeichert hat und sofort auf die „Gefahr" reagiert.

Betreffen Traumen nur einzelne Bereiche, wird die Person ihr Leben so einrichten, dass die Auslöser für eine traumatische Erinnerung umgangen werden können. Kumulieren sich aber viele verschiedene Traumen, wird es problematisch. Das Leben wird stark eingeengt. Zudem befindet sich das Nervensystem der Betroffenen grundsätzlich in einer so hohen Anspannung, dass der Körper bereits bei geringem Stress überfordert ist.

Ein weiterer Aspekt verschärft die ganze Situation noch zusätzlich: Eigentlich ist unser Körper so ausgestattet, dass er sich von selbst wieder ausbalancieren kann, wenn er sein Gleichgewicht verliert. Bei einem Trauma werden diese Mechanismen aber gestört oder blockiert. Weil alle Körperfunktionen in irgendeiner Form zusammenhängen, kann dies ganze Kettenreaktionen auslösen. Somit geraten mehr oder weniger organische Abläufe in eine Schieflage. Je nach Art des Traumas sind verschiedene Bereiche in unterschiedlichem Mass betroffen. Geraten zu viele Regulationsmechanismen ausser Betrieb, häufen sich krankhafte Zustände, womit die Person immer mehr Probleme haben wird. Diese können psychischer oder physischer Natur sein. Dabei kann es zu einem Pendeln zwischen zwei Zuständen kommen: Überaktivierung des gesamten Systems mit Anspannung, Schmerzen, Angst, Aggression etc. (das System befindet sich im Kampf-/Fluchtmodus) und Zusammenbruch mit grosser Müdigkeit, Antriebslosigkeit, Depression etc. (das System befindet sich im Zustand der Erstarrung, jegliche Aktivierung wurde heruntergefahren).

7.4 Behandlung von Traumen

Um mit Traumen zu arbeiten, gibt es verschiedene Therapieansätze. Diese können hier nicht alle dargestellt werden. Ich möchte lediglich auf einige zentrale Punkte aufmerksam machen, die helfen, sich in der Thematik besser orientieren zu können.

Traumatisierte Personen neigen in ihrem Denken und Handeln zu einem erhöhten Tempo. Damit besteht die Tendenz, dass sie ihre Probleme mit Wucht durchbrechen wollen. Das ohnehin schon überforderte System wird damit zusätzlich unter Druck gesetzt, so dass schlussendlich eine Verschlimmerung der Situation erzeugt wird. Deshalb ist es wichtig, sich bewusst zu sein, dass hier mit Vorsicht gearbeitet werden sollte. So muss in einem ersten Schritt nämlich sichergestellt werden, dass überhaupt genügend Ressourcen vorhanden sind, um sich mit dem Trauma zu konfrontieren. Was bedeutet das genau?

Das Bearbeiten eines Traumas konfrontiert die betreffende Person mit einer Situation in ihrem Leben, bei der sie nicht erfolgreich war. Das erzeugt Stress. Wie eben aufgezeigt wurde, darf dieser aber nicht zu gross werden, wenn man nicht will, dass das ohnehin schon angespannte Nervensystem unter vermehrten Druck gerät. Also muss man Kräfte mobilisieren, welche die Person soweit stärken, dass sie mit diesem Stress umgehen kann. Dafür muss sie sich u.a. in der therapeutischen Situation geschützt, gehalten und gut betreut fühlen. Gleichzeitig muss sichergestellt werden, dass die Selbstheilkräfte aktiviert sind. Diese beinhalten nämlich u.a. das Wissen, wie das Trauma am besten zu bereinigen ist. Zu diesem Wissen muss der Therapeut einen Zugang bekommen, damit er nichts auslöst, mit dem der Körper anschliessend gar nicht umgehen kann. Erst wenn die beiden Aspekte abgedeckt sind, können erste Schritte unternommen werden, das Trauma zu bearbeiten.

Ist die Arbeit dank der guten Vorbereitung erfolgreich, gilt es zu beachten, dass nun Energien frei gesetzt werden, die in der aufgestauten Ladung enthalten waren. Mit dieser Energie muss die betreffende Person umgehen können. Das ist nicht einfach, denn dies kann wiederum zu Stress führen, da ja erst noch Lösungen für dieses Mehr an

Energie gefunden werden müssen. Bis dies der Fall ist, steht der Körper vor einem Problem, das sein Gleichgewicht stark belastet. Wenn dieser Stress zu gross wird, weil zu viel Energie auf einmal das System überschwemmt, findet eine Retraumatisierung statt. Das Wesen fühlt sich wieder überwältigt und nicht in der Lage, eine Lösung zu finden. Auch hier ist die Aktivität der Selbstheilkräfte notwendig: wie bereits gesagt enthalten sie die Information, wie die frei gewordenen Energien nutzbringend in das System eingefügt werden können.

Die obenstehenden Ausführungen zeigen, dass das System die Möglichkeit haben muss, nach jeder Therapieeinheit wieder ein neues Gleichgewicht herzustellen. Ein Weg der kleinen Schritte ist somit zwingend. Ebenso braucht eine Person bei der Neuregulation ihrer Systeme meistens ein bisschen Unterstützung. Hilfreich ist u.a., dass sie darüber informiert ist, welche Reaktionen möglich sind (z.B. innere Unruhe, Wut, leichte Verwirrung, körperliche Beschwerden jeglicher Art u.a.) und wie sie mit ihrem Verhalten den Prozess unterstützen kann (z.B. viel Bewegung, genügend Ruhe, kreativer Ausdruck mit Zeichnen/Malen oder anderem, Gesellschaft von lieben Freunden etc.). Bei erfahrenen Personen reichen solche Hinweise meistens aus. Andere müssen in einer oder mehreren Therapiesitzungen mit dem Prozedere vertraut gemacht werden. Durch das Auflösen von Blockaden ist das Problem also noch nicht abschliessend behoben.

Ein Beispiel soll die oben beschriebenen Mechanismen verdeutlichen:

Eine Schülerin – nennen wir sie Martina – die schon länger zu mir in die Therapie kam, erlitt ein heftiges Schleudertrauma. In der Folge traten Kopfschmerzen auf, die so schlimm wurden, dass die Jugendliche teilweise der Schule fern bleiben musste. Da sie zudem unter erheblichen Konzentrationsproblemen litt, wurde es für sie schwierig, dem Stoff ihrer Klasse noch folgen zu können. Trotz Einhalten von Ruhe wurden ihre Beschwerden nicht besser. Also bat sie mich um Hilfe. Ich erkannte, dass es sich bei ihr um ein massives Trauma handelte. Ihre ganzen Regulationsmechanismen schienen aus dem Gleichgewicht geraten zu sein. Es war kaum noch ein Ort im Ener-

giesystem zu finden, der heil geblieben war. So erwies sich die Suche nach Ressourcen sowie den Selbstheilkräften als sehr schwierig. Dank genügend Erfahrung und meinem unerschütterlichen Glauben daran, dass sich IMMER irgendwo ein Stück Gesundheit bewahren kann, fand ich schliesslich ganz tief unter dem Chaos etwas, das ich als lichtvolle Energie wahrnahm. Daran erkannte ich, dass hier noch ein intakter Teil war, der mir eine Richtung für meine Arbeit vorgab. Sachte begann ich, den Schock anzugehen und erreichte nach mehreren Sitzungen auch eine Verbesserung. Nachdem sich die Schülerin leistungsfähiger fühlte, verausgabte sie sich viel zu sehr, womit die Kopfschmerzen gleich wieder zunahmen. Ich musste ihr folglich begreiflich machen, dass ihr Nervensystem noch sehr geschwächt war und sie weiterhin ihre Ruhe einhalten musste, auch wenn es ihr besser ging. Zudem durfte sie nicht zu lange vor Fernseher oder Computer sitzen bzw. lesen oder Aufgaben machen. So konnten wir sicherstellen, dass die frei gewordene Energie dafür benutzt wurde, das Nervensystem wieder aufzubauen. Es war ein sehr mühsamer Weg, bei dem wir nur mit kleinsten Schrittchen vorwärts kamen. Zudem war ihr Gleichgewicht so labil, dass schon eine geringe psychische und/oder physische Belastung wieder zu mehr Problemen führte. Folglich erschien die Jugendliche oft notfallmässig in der Praxis, damit ich das Nervensystem wieder in ein Gleichgewicht versetzen konnte. Damit liessen sich ihre Kopfschmerzen in einem erträglichen Rahmen halten.

Da ich froh gewesen wäre, wenn nicht die ganze Verantwortung für dieses doch erhebliche Leiden auf mir gelastet hätte, ermunterte ich sie, auch andere Therapien sowie medikamentöse Unterstützung zu beanspruchen. Doch jeder Versuch ihrerseits, weitere Hilfe anzunehmen, endete in einem Desaster: die Schmerzen nahmen stark zu und das ganze System geriet wieder in einen bedrohlich wirkenden chaotischen Zustand. Ich begann zu verstehen, dass die anderen Therapeuten offensichtlich den Zugang zu den Selbstheilkräften nicht fanden, da diese wirklich schwer zu erreichen waren. Damit konnten sie die entsprechenden Kräfte nicht in ihre Therapie einbeziehen. Folglich verliessen sie sich bei ihrem Vorgehen auf Theorien und ihre

Erfahrung, womit sie der speziellen Situation der jungen Frau jedoch nicht gerecht wurden. Das gesamte System wurde mit einem Input belastet, den es nicht nutzbringend einordnen konnte. Damit entstand wieder ein Gefühl der Überwältigung, also eine leichte Retraumatisierung. Das führte dazu, dass wir regelmässig von vorne beginnen mussten, bis wir beschlossen, niemanden mehr in unsere Arbeit einzubeziehen. Von da an ging es stetig aufwärts. Es war aber eine immense Geduldsprobe für uns beide. Immerhin dauerte es mindestens ein Jahr, bis wir endlich einen stabileren Boden errichtet hatten, der es der Klientin erlaubte, einem „normalen" Alltag einigermassen gewachsen zu sein. Heute erfreut sie sich eines recht stabilen Zustandes und ist mittlerweile so kräftig geworden, dass sie auch bei Stresssituationen nicht sofort mit starken Kopfschmerzen reagiert. Noch immer ist sie aber auf die therapeutische Unterstützung angewiesen, da sie Veränderungen in ihrem Leben schlecht verarbeiten kann. Diese ergeben sich aber notgedrungen, denn die junge Frau muss sich beruflich etablieren und möchte mittelfristig mit einem Partner zusammenleben sowie eine eigene Familie aufbauen.

Durch all die Ausführungen dürfte klar geworden sein, dass ein Trauma u.a. eine körperliche Disbalance erzeugt. Wie bereits zu Beginn des Kapitels angetönt, ist es folglich nicht möglich, ausschliesslich mittels intellektuellen Verständnisses des Traumaauslösers die Probleme zu beheben. Hier ist zusätzlich körperzentrierte Arbeit gefragt.

Nicht jedes Trauma hinterlässt gleich tiefe Spuren im System. Je nach Konstellation der betroffenen Person und Art des traumatisierenden Ereignisses ist die Reaktion des Körpers sehr individuell. Was jedoch auf jeden Fall das Ausmass der Probleme deutlich beeinflusst, ist der Zeitpunkt, wann eine Traumatisierung erfolgt. Je früher im Leben dies der Fall ist, desto umfassender ist das gesamte System in Mitleidenschaft gezogen. Dies ist sehr verständlich, wenn man sich folgendes vor Augen führt:

Gerät ein Fötus in eine Situation, in der er sich bedroht fühlt, hat er keine Möglichkeit zu kämpfen oder zu fliehen. Deshalb versucht er sich zu schützen, indem er den kleinen Körper versteift oder zusammenzieht. Solche Kinder sind häufig nach der Geburt eher steif. Hält die Gefahr an, verfällt er in Resignation, was zu einer eher schlaffen Muskulatur des Neugeborenen führt. Die einschneidenste Reaktion des Organismus für das spätere Leben ist aber wohl die folgende: Das Gehirn, das sich während der Schwangerschaft in einer starken Entwicklung befindet, organisiert sich angesichts der Gefahr verstärkt rund um Überlebensfunktionen herum. Dieser Bereich wird also kräftig ausgebaut. Das geht aber auf Kosten anderer Entwicklungen: u.a. werden die Hirnbereiche, die für die Regulation von Emotionen verantwortlich sind, weniger ausgeformt. Das hat zur Folge, dass die entsprechende Person später überwachsam ist, um mögliche Gefahren schnell zu erkennen. Weil sie überall potentielle Bedrohungen wahrnimmt, entstehen in ihr Angst, Wut und Hilflosigkeit. Gleichzeitig hat sie aber Schwierigkeiten, einen konstruktiven Umgang mit diesen Emotionen zu finden, weil genau diese Hirnteile eher unterentwickelt sind. Das ist der Person jedoch nicht bewusst, denn sie kennt es ja nicht anders. Es gehört einfach zu ihr wie die Haarfarbe, sie akzeptiert es als Teil ihrer Identität.

Was eine frühkindliche Traumatisierung konkret bedeuten kann, möchte ich an einem Beispiel aufzeigen. Es handelt sich dabei um einen Buben, der zu mir in die Therapie kommt. Nennen wir ihn Niklaus.

Niklaus hat eine besondere Vergangenheit: er wurde im Reagenzglas gezeugt. Das befruchtete Ei war dann zwei Jahre lang im Gefrierfach, wurde aufgetaut und eingepflanzt. Zur Freude der Eltern gelang die Prozedur und die Mutter durchlief eine normale Schwangerschaft. Drei Wochen vor dem Termin wurde das Kind per Kaiserschnitt auf die Welt geholt. Weil es unter einem Atemnotsyndrom litt, musste es sofort intubiert und während drei Wochen auf der Intensivstation betreut werden. In dieser Zeit waren die Eltern so oft wie möglich bei ihrem Kind, aber natürlich nicht rund um die Uhr.

Als Niklaus zu mir kam, fror er dauernd. Es machte den Anschein, als wäre das Auftauen des befruchteten Eis wie ein Schock gewesen, der nie verarbeitet werden konnte. Das bedeutet, dass sich bereits beim Start ins Leben die gesamte Entwicklung um diesen Stress herum organisierte.

Die Zeit nach der Geburt brachte eine weitere Belastung mit sich: es fehlte eine Instanz, welche dem Säugling ein Gefühl von Sicherheit in dieser grossen, fremden Welt hätte vermitteln können. Die medizinischen Massnahmen waren zwar überlebenswichtig, behinderten aber den frühen Beziehungsaufbau zwischen Eltern und Kind.

So wirkte Niklaus denn auch sehr verloren und orientierungslos. Obschon er bereits 11 Jahre alt war, brauchte er die Stütze seiner Mutter noch in hohem Mass.

Während wir an all diesen Traumen arbeiteten, begann Niklaus sichtlich „aufzutauen". Er fror nicht mehr und die Entwicklung bislang blockierter Bereiche konnte endlich ihren Lauf nehmen. Doch für ihn sowie die Eltern war und ist der Prozess nicht einfach. Wahrscheinlich hat die frühe Form der Traumatisierung dazu geführt, dass der Bub bei jedem einzelnen Entwicklungsschritt Hilfe braucht. Es scheint, als sei sein Zugang zu einem inneren Programm, in dem solche Prozesse abgespeichert sind, gestört. Immer wieder macht sich eine grosse Orientierungslosigkeit bemerkbar, die durch die Therapie und die Begleitung der Eltern kompensiert werden muss. Ich gehe jedoch davon aus, dass Niklaus bis zum jungen Erwachsenenalter eine Lebensgrundlage aufbauen kann, die für dieses Alter „normal" ist.

Natürlich konnte ich auf diesen wenigen Seiten kein vollständiges Bild der gesamten Traumatologie abgeben. Aber ich hoffe, dass die Ausführungen dazu beitragen, etliche Phänomene in der eigenen Biografie bzw. derjenigen anderer besser zu verstehen.

Kapitel 8 – Spirituelle Entwicklung

8.1 Einführung

Scheinbar gibt es jetzt einen Sprung: von wissenschaftlich untermauerten Bereichen führe ich über in einen Bereich, der für viele eine abgehobene Materie bedeutet. Aber weshalb? Ganz einfach: es geht um einen Bereich, den wir weder mit unseren vertrauten Sinnen noch mit dem Intellekt fassen können, nämlich um die Geistige Welt. Und was unser Verstand nicht mit unseren alltagserprobten, bewährten Mitteln verarbeiten kann, blenden wir gerne aus. Doch wenn wir uns schon am liebsten auf wissenschaftlich erforschte Fakten verlassen, sollten wir folgenden Umstand betrachten:

Wir wissen, dass unser Gehör lediglich gewisse Frequenzen wahrnimmt, sehr hohe und sehr tiefe jedoch nicht mehr. Es besteht also ein klar abgegrenztes Spektrum. Beispielsweise ist es erwiesen, dass sich Fledermäuse mit dem Aussenden sehr hoher Töne im Raum orientieren. Hören können wir diese nicht, aber mittlerweile wenigstens messen. Auch unsere Augen können nur eine gewisse Spannbreite an elektromagnetischen Schwingungen verarbeiten. Dennoch ist uns klar, dass es jenseits dieses Bereichs auch noch etwas gibt. Das müsste uns eigentlich zu denken geben und – wenn wir der Logik folgen – Fragen aufwerfen. Leider werden wir gerne unlogisch, wenn neue Ideen nicht in unser Konzept passen.

Die These, dass es möglicherweise wirklich etwas gibt, das jenseits unserer materiell orientierten Wahrnehmung liegt, wird noch durch eine weitere Tatsache untermauert: Alle Religionen sowie die spirituellen Meister sämtlicher Traditionen sind sich einig, dass dieses für uns so schwer Fassbare nicht nur existent, sondern sogar unsere eigentliche Heimat ist. Es lässt sich zwar nicht beweisen, dass es so etwas wie Gott oder die Geistige Welt gibt, allerdings lässt sich auch nicht beweisen, dass Gott nicht existiert. Berichte von Gotteserfahrungen sind aus unterschiedlichen Kulturen und Zeitaltern überliefert. Diese Erfahrungen weisen trotz des unterschiedlichen kulturellen Hintergrunds interessante Parallelen auf. Das ist zwar kein Beweis, aber immerhin ein mögliches Indiz dafür, dass jenseits unserer Alltagserfahrung etwas existiert, das für Menschen grundsätzlich erfahrbar ist. Die Mystiker und Religionsbegründer haben in dieser Erfahrung das Absolute erkannt, die Quelle allen Seins. Sie haben ihrer Erfahrung unterschiedliche Namen gegeben, z.B. Gott. Zudem haben sie versucht, ihren Mitmenschen Zugänge zu diesem Absoluten aufzuzeigen. Diese gestalten sich je nach kulturellem Hintergrund des Mystikers und der Menschen, die er unterrichtete, unterschiedlich. Dennoch scheint es sich letztlich um die gleiche Grunderfahrung zu handeln.

Trotz etlicher Hinweise auf dieses für uns so schwer Fassbare lässt sich auch nachvollziehen, dass sich viele Menschen diesen Bereichen verschliessen. Im Rahmen religiöser und spiritueller Strömungen gab und gibt es so viel Missbrauch – ausgelöst durch Unverständnis, Machtansprüche, Fanatismus etc. – dass die vielen Vorbehalte mehr als verständlich sind.

In diesem Kapitel biete ich einen Zugang zur Thematik an, der meiner Meinung nach hilfreich sein könnte.

In einem ersten Schritt möchte ich klären, was ich unter Spiritualität verstehe. Dafür ist es wichtig, den Unterschied zu Religion aufzuzeigen. Anschliessend suche ich nach Gründen, weshalb wir uns überhaupt mit dieser Materie befassen sollten. Aber auch die Herausforderungen, die uns erwarten, sollen nicht verschwiegen werden. In einem weiteren Kapitel erläutere ich Möglichkeiten, sich der Thematik anzunähern und sich eine Idee davon zu erarbeiten, was sie alles beinhaltet. Zudem sollen erste konkrete Schritte skizziert werden, mit diesem schwer Fassbaren in einen Kontakt zu treten. Anschliessend möchte ich aufzeigen, wozu ein spiritueller Lehrer dienlich ist, welchen Kriterien er entsprechen sollte und wie ein Weg mit ihm aussehen könnte. Ein Beispiel aus meinem Leben sowie ein Ausblick runden dann diesen wichtigen Teil im vorliegenden Büchlein ab.

8.2 Unterscheidung zwischen Spiritualität und Religion

Der Begriff „Religion" geht auf den lateinischen Begriff „religere" zurück, was mit „wiederverbinden" bzw. „zurückführen" übersetzt werden kann. Gemeint ist damit das Zurückführen bzw. das Wiederverbinden mit dem Ursprung, d.h. mit Gott. Jede Religion gibt gewisse Bilder (Metaphern), Glaubenssätze und Verhaltensregeln vor, wie das Unfassbare zu verstehen bzw. ins Leben zu integrieren ist. Diese sind teilweise in Schriften wie der Bibel festgehalten. Ich persönlich bin mir nicht sicher, ob alle diese Lehrsätze der wirklichen Botschaft entsprechen, welche uns grosse Seelen wie Jesus überbringen wollten. Zudem lassen die überlieferten Texte so viel Raum für verschiedene Interpretationen zu, dass es schlussendlich schwierig ist zu erkennen, wie all die Worte zu verstehen sind. Damit können ganz unterschiedliche Sichtweisen entstehen, die leider allzu häufig zu Konflikten führen.

Die Spiritualität hingegen fordert uns auf, diese Welten selbst zu erforschen. Wir müssen nicht an etwas GLAUBEN, sondern wir sollen lernen, es mittels eigener Erfahrung zu VERSTEHEN. Es handelt sich also um einen Lernprozess, den wir vollziehen sollen, der mit Entwicklungsprozessen einhergeht. Diesen Aspekt finde ich sehr wichtig, denn er erfordert u.a. eine Eigenaktivität, ohne die eine entsprechende Erweiterung unseres Horizontes nicht möglich ist. Und damit befinden wir uns ja bereits wieder auf einem soliden Boden: es geht um die menschliche Entwicklung mit all ihren bereits diskutierten Teilgebieten.

8.3 Gründe, weshalb wir spirituell aktiv sein sollten

Weshalb sollte ich nun aber die Anstrengung unternehmen, in diesem für mich so unfassbaren Bereich zu forschen?

Da gibt es verschiedene Gründe: Wenn es „etwas" gibt, das mit unserer Welt verbunden ist, bestehen zwischen den beiden Bereichen vermutlich Zusammenhänge. Solange wir diese nicht kennen, können wir nicht wissen, wie sie aufeinander einwirken. Dies dürfte aber insofern interessant sein, als wir Dinge, die wir kennen, auch zu beeinflussen vermögen. Ob es hier ev. Möglichkeiten gäbe, für Probleme in unserer Dimension neue Lösungswege zu finden? Kritische Leser werden nun einwenden, dass dieses „Etwas" mit unserer Welt nicht nur *verbunden*, sondern in ihr *integriert* ist. Diese Meinung teile ich, was weiter hinten auch noch deutlicher wird. Manchmal ist es aber einfacher, ein Phänomen zu studieren, wenn man es isoliert betrachtet. Zudem entspricht diese Spaltung unserem Empfinden, dass es ein „reales Hier" und ein „unfassbares Dort" gibt. Schlussendlich müssen wir die beiden Aspekte aber verbinden, was ein nicht ganz einfacher Prozess ist. In diesem Buch werde ich nur am Rande darauf eingehen. Die Thematik wird uns dann in Band 3 noch näher beschäftigen.

Ein weiterer Grund, sich mit Spiritualität zu befassen, ist die folgende Tatsache: die Menschheit beschäftigt sich seit Urzeiten mit Fragen, die heute noch so aktuell sind wie in der frühesten Menschheitsgeschichte. Irgendetwas scheint uns dazu anzutreiben, hier Antworten zu finden. Offensichtlich versprechen wir uns einen Nutzen davon. Solche Fragen lauten beispielsweise:
– Wer bin ich?
– Woher komme ich?
– Wohin gehe ich nach dem Tod?
– Warum bin ich hier, hat mein Leben einen tieferen Sinn?
– Falls mein Leben einen tieferen Sinn hat: welchen?
– Habe ich hier eine Aufgabe zu erfüllen?

Falls es dieses „Andere" tatsächlich geben sollte, müssten wir all jenen Menschen, die damit in einen tiefen Kontakt getreten sind (Mystiker, Religionsbegründer u.a.), gut zuhören. Sie alle versprechen, dass wir nicht nur unsere Seelenheimat in dieser „Geistigen Welt" finden, sondern auch einen tiefen Frieden und ein Gefühl der Glückseligkeit.

8.4 Herausforderungen der Spiritualität

Bis jetzt dürfte der Inhalt dieses Kapitels noch gut verdaulich gewesen sein. Doch nun kommt die Knacknuss: könnte ich mir nach reiflicher Überlegung vorstellen, mich auf spirituelle Themen einzulassen, müsste ich mir eingestehen, dass meine täglich erfahrbare und greifbare Welt offensichtlich nicht die einzig gültige Realität ist. Noch schlimmer: folge ich den Gedanken grosser Mystiker, ist diese Welt nur ein momentaner Aufenthaltsort von uns Menschen, das wirklich

Beständige ist aber die „Geistige Welt". Diese Gedanken werden im Prinzip durch folgende Überlegungen untermauert:

Erinnern wir uns an die Erläuterungen zum Begriffsaufbau: aus einer Vielzahl verschiedenster Erfahrungen „bastle" ich etwas zusammen, das mir so etwas wie ein Abbild der mit meinen Sinnen erfassbaren Welt gibt. D.h., dass ich mir letztendlich die eigene Realität konstruiere. Wer sagt mir aber, dass meine Version wirklich dem entspricht, wie es „wirklich" ist? Wer sagt mir, dass das, was ich als „Rot" bezeichne, der andere gleich wahrnimmt? Wer sagt mir, dass das, was ich als „Liebe" bezeichne, wirklich Liebe ist? So gesehen ist mein Konstrukt sehr relativ. Ich kann davon ausgehen, dass das Konstrukt meiner Mitmenschen zumindest ähnlich sein muss, sonst würden wir uns wohl dauernd missverstehen. Doch letztendlich ist es eben ein individuelles Konstrukt.

Dass dem so ist, zeigt sich auch deutlich bei Menschen mit Wahrnehmungsproblemen. Ihre Weltbilder weichen von denjenigen der Mehrheit von uns Menschen markant ab. Das führt dazu, dass sie vieles in der Welt nicht verstehen können. Gleichzeitig stossen sie mit ihren für uns unlogischen Reaktionen häufig auf Unverständnis, womit sie sich einsam und verlassen fühlen. Es ist jeweils spannend, wenn ich mit solchen Personen arbeite und sie plötzlich zu begreifen beginnen. Endlich sind sie fähig, in einen adäquaten Austausch mit ihrer Umgebung zu treten, was häufig eine grosse Entspannung in ihre zwischenmenschlichen Kontakte bringt. Auf einmal fühlen sie sich nicht mehr ausgegrenzt, verstehen die Sichtweisen ihres Gegenübers und werden selbst auch verstanden. Damit wird der Alltag sehr erleichtert, und zwar in allen Bereichen: Familie, Freundeskreis, Beruf oder auch andere.

Nun stehe ich also vor einer Herausforderung: wenn ich mich wirklich mit Spiritualität auseinandersetzen will, muss ich mir eingestehen, dass ich möglicherweise ganz vieles nicht weiss bzw. mein Leben lang von falschen Annahmen ausging. Das ist hart und erzeugt eher mulmige Gefühle.

Und dennoch: die Geschichte lehrt uns, dass die Menschheit und damit jeder einzelne Erdenbewohner immer mal wieder bestehende

Weltbilder revidieren musste. Das ging selten ohne Widerstand, da neue Ideen sehr herausfordernd sein können. Man denke nur schon daran, was die Menschen empfinden mussten, als sie plötzlich mit der Tatsache konfrontiert wurden, dass die Erde möglicherweise keine Scheibe, sondern eine Kugel ist. Diese Vorstellung wirkte absurd: wie sollte es möglich sein, auf einer Kugel zu leben? Diejenigen Menschen, die sich auf der falschen Seite befänden, würden ja herunterfallen.

Zu grossem Aufruhr führte später eine weitere Erkenntnis: lange war man davon ausgegangen, dass die Erde das Zentrum des Universums ist und sich Sonne sowie Planeten um sie drehen. Plötzlich gab es Stimmen, die behaupteten, dass die Erde um die Sonne kreist. Wir sollten also auf einmal nicht mehr der absolute Mittelpunkt einer Schöpfung sein, sondern uns ständig in einer Bewegung befinden. Diese Idee wurde u.a. von der Kirche lange Zeit bekämpft. Dabei gab u.a. zu denken, dass man doch so etwas wie den Fahrtwind spüren müsste. Das Sicherheitsempfinden der Gläubigen (und wohl auch vieler anderer Menschen) wurde teilweise arg strapaziert: die Idee, ein „Spielball" – und zwar nur ein kleiner – in einem riesigen Kosmos zu sein, wirkte bedrohlich.

Heute lachen wir vielleicht über solche Ängste, weil wir inzwischen viele physikalische Gesetze entdeckt haben, welche die Theorie verständlich machen. Aber im Grunde genommen sind wir nicht besser als die Menschen damals: wenn uns jemand weismachen will, dass es etwas gibt, das realer ist als unsere materielle Welt, macht uns das Angst. Wir identifizieren uns so sehr mit der Materie, dass wir uns schwer damit tun, diese als instabiles Gebilde einzustufen. Selbst wenn wir es aufgrund physikalischer Erkenntnisse schliesslich zu akzeptieren versuchen, verstehen wir nicht wirklich, was das bedeutet. Wir können den Teil, der möglicherweise hinter diesem instabilen Konstrukt wirkt, nicht fassen, da es sich um feinstoffliche Bereiche handelt. Unsere Logik basiert – wie bereits gesagt – auf dreidimensionalem Denken, das Feinstoffliche befindet sich aber ausserhalb dieses Bereichs. Doch auch hier zeigt die Geschichte: wo ein Wille ist, gibt es auch einen Weg. Denken wir an die Wissenschaftler, die aufgefordert waren zu beweisen, dass die Erde eine Kugel ist bzw. nicht das Zentrum unseres Sonnensystems. Sie mussten ganz neue Instrumente entwickeln, welche vertiefte Einblicke ins Weltall erlaubten.

8.5 Annäherung an einen spirituellen Weg

Bin ich schliesslich an einem Punkt angelangt, dass ich trotz aller Bedenken über diese scheinbar unfassbare Welt etwas erfahren will, muss ich einen Weg finden, dies zu tun. Wie soll ich aber etwas erforschen, wenn es für mich nicht greifbar ist? Im Folgenden werde ich verschiedene Überlegungen dazu anstellen.

Doch bevor ich nun auf das Thema Spiritualität eingehe, möchte ich ein Prinzip klären, das für mich in der Therapie, aber auch in meinem gesamten Denken und Handeln, sehr wichtig ist. Um es gut verständlich zu machen, erläutere ich es anhand eines Bildes.

Nehmen wir an, es findet eine Risotto-Olympiade statt. Ziel des Wettstreites ist es, den Koch mit dem besten Pilz-Risotto zu erküren. Zum vereinbarten Termin kommen aus der ganzen Welt Köche angereist, welche nun alle die gleiche Aufgabe meistern müssen.

Wie man sich denken kann, hat jeder ein bisschen andere Vorstellungen davon, wie der beste Pilz-Risotto herzustellen ist. Zudem bringt jeder Teilnehmer von seiner Kultur her unterschiedliche Vorerfahrungen mit. Damit keiner benachteiligt ist, darf er seine eigene Küche mit seinen eigenen Geräten aufbauen, mit denen er gewöhnlich arbeitet. So entstehen vor den Wettkämpfen in Kürze die unterschiedlichsten Einrichtungen. Während der Mann aus der Wüste eine Feuerstelle aufbaut, die mit Kameldung Hitze erzeugt, stellt der Italiener seinen gasbetriebenen Herd auf, der Amerikaner verlässt sich hingegen lieber auf seinen Induktionsherd. Auch die Töpfe könnten unterschiedlicher nicht sein: einfachste Blechkübel stehen neben Hightech-Pfannen aus speziellen wärmeleitenden Materialien, von den verschiedenen Formen gar nicht zu sprechen. Was bei einem Koch nie fehlen darf: seine Lieblingsmesser. Da ist diese Berufsgarde sehr wählerisch, jeder schwört auf sein persönliches Schneidwerkzeug. Doch nicht nur Kochutensilien füllen mehr und mehr die Küchen, auch die Produkte werden nun hervorgeholt und ordentlich hingestellt. Was da an Ingredienzien angeschleppt wird, ist ebenfalls beachtlich: verschiedenste Reissorten, Pilze, Gewürze, ja sogar spezielles Wasser nehmen einzelne aus ihrer Heimat mit. Sobald die Teilnehmer eingerichtet sind, ertönt der Startschuss und die Meister können loslegen.

Natürlich weiss jeder, wie er nun vorzugehen hat. Dabei kommt er nicht darum herum, gewisse Gegebenheiten zu beachten. So ist es zwingend, dass er eine Heizquelle aktiviert. Zudem muss er einen Behälter haben, den er mit Reis, Pilzen, Flüssigkeit und Gewürzen füllt. Auch ein Rührgerät ist notwendig, ebenso ein Messer, mit dem er die Zutaten gegebenenfalls zerkleinern kann. Doch neben diesen gegebenen Voraussetzungen bestehen unzählige Variationsmöglichkeiten. Allein schon beim Reis gibt es eine riesige Auswahl, ebenso bei der Flüssigkeit. Letztere kann zwar aus Wasser bestehen, aber auch aus Wein (auch hier sind etliche Sorten möglich), Bouillon und anderem. Nun sind die Kreativität und das Geschick der Teilnehmer gefragt: wer schafft es, mit seinen spezifischen Geräten, Zutaten etc. mittels ausgeklügelten Verfahren eine exquisite Speise herzustellen? Dabei ist die Erfahrung von den Teilnehmern sehr zentral: so muss jeder wissen, wie stark er seinen Herd einheizen muss, dass er mit seiner speziellen Pfanne die gewünschten Resultate erzielen kann. Schliesslich sollte nichts anbrennen. Gerade beim Anbraten des Reises in ein bisschen Fett ist eine gute Einstellung wichtig, aber auch die Dauer des Röstens der Reiskörner hat einen Einfluss auf das Endergebnis, ebenso die Intensität des Rührens. Nun stellt sich die Frage, ob man mit Wein ablöschen soll oder dieser erst am Schluss hinzugefügt wird. Der Geschmack wird dadurch wesentlich beeinflusst.

Wir sehen also: gewisse Dinge sind vorgegeben, die für alle gleich sind (Notwendigkeit einer Heizquelle, eines Topfes, einer gewissen Menge Reis etc.), andere sind variabel. Doch auch bei den frei wählbaren Teilen gibt es Gesetzmässigkeiten, die beachtet werden müssen. Wähle ich beispielsweise eine bestimmte Sorte Reis, sollte mir klar sein, wieviel Zeit sie bei welcher Temperatur kochen muss, damit ich die gewünschte Konsistenz erreiche. Wenn ich die Pilze zerkleinere, ist es von Vorteil, dies mit der Schneide des Messers zu erledigen, und nicht mit dem Messerrücken. So betrachtet ist Risotto-Kochen eine hochkomplexe Angelegenheit, die viel Wissen und Erfahrung benötigt.

Wer nun schlussendlich den besten Pilz-Risotto herstellt, kann zwar mit einigen vorgegebenen Kriterien beurteilt werden (z.B. dass der Reis „al dente" sein muss, dass nichts anbrennen darf, dass man die Pilze herausschmecken kann, dass keines der Gewürze alle anderen übertönt und vieles mehr), schlussendlich wird aber immer auch die persönliche Vorliebe des Testers eine Rolle spielen.

Weshalb nun dieses Beispiel? Ich möchte damit aufzeigen, dass es für das Erreichen eines Ziels meistens gewisse Dinge gibt, die zwingend eingehalten werden müssen. Daneben gibt es aber eine Menge Spielraum für verschiedenste Möglichkeiten. Wer weiss: vielleicht erhält der Koch aus der Wüste die Goldmedaille, obschon er möglicherweise von seinen Kollegen mit Hightech-Ausrüstung am Anfang belächelt wird. Hier ist schlussendlich gefragt, wer mit seiner bestehenden Ausrüstung fähig ist, ein erstklassiges Ergebnis zu erzeugen. Kennt sich jemand mit seinem Kameldung und dem Blechtopf gut aus, wird er damit genau die richtigen Voraussetzungen schaffen, mit den gegebenen Zutaten etwas Perfektes zu kreieren.

Natürlich hat jeder Meister eine lange Zeit des Lernens und Übens hinter sich. Das begann schon im Kindesalter, als er beispielsweise entdeckte, dass die Heizquelle heiss ist und man damit Speisen garen kann. Nicht zu vergessen sind die frühen ungelenken Versuche, mit einem Messer das Gemüse in die gewünschte Form zu bringen, ohne sich dabei in den Finger zu schneiden. Später erfolgten dann erste Kochversuche. Wie jeder zu seinem Wissen kam, ist nicht unbedingt ausschlaggebend für seine Fähigkeiten. Möglicherweise hat einer der Meister in seinem Leben noch nie ein Rezept gelesen, sondern sein ganzes Können vom Grossvater mitbekommen, der den Enkel in seine Künste einweihte. Während sein Kollege bei der Olympiade alle Zutaten mit speziellen Messlöffeln sorgfältig dosierte, verliess sich dieser Koch ohne Rezept vielleicht äusserst erfolgreich auf sein Gefühl für die richtige Menge. Auch eine Ausbildung bei einem grossen Meisterkoch garantiert keinem, dass er einmal in der Spitzenliga mitspielen kann. Trotz erstklassiger Lehrjahre könnte er von einem Quereinsteiger und Autodidakten überflügelt werden, der einfach mehr Begabung mitbringt.

Du siehst, lieber Leser, die Risotto-Olympiade gibt einiges zu bedenken. Und mit diesen Gedanken im Hinterkopf möchte ich jetzt auf den eigentlichen Inhalt dieses Kapitels hinlenken. Erinnern wir uns: als erstes wollen wir der Frage nachgehen, wie ich mich dem Thema Spiritualität annähern soll, wenn ich in diesem Bereich noch nichts oder nur wenig weiss.

Grundsätzlich gilt: Wenn ich mich mit einer neuen Materie zu beschäftigen beginne, ist es sinnvoll, mir zuerst Informationen zu holen. Im Bereich Spiritualität gibt es heute eine riesige Vielfalt von Quellen, die mir Wissen vermitteln können. Da findet man nicht nur Unmengen von Büchern, sondern auch Kurse und Ausbildungen. Zudem existieren die unterschiedlichsten Zugänge zum Thema: an einem Ort werden Erfahrungen mit Engeln weitergegeben, am anderen sucht man Übereinstimmungen zwischen neuesten wissenschaftlichen Erkenntnissen und altem überliefertem spirituellem Wissen, misst Hirnströme und andere Parameter bei meditierenden Personen etc. Allen gemeinsam ist die Tatsache, dass sie sich mit dem scheinbar Unfassbaren beschäftigen. Doch wie soll man sich in diesem Dschungel zurechtfinden? Am besten wählt man einen Zugang, der einen gefühlsmässig anspricht oder vom Thema her interessiert. Ratschläge von vertrauten Personen können hier sehr nützlich sein. Natürlich findet man Material von sehr unterschiedlicher Qualität. Wer sicher gehen will, dass er seriöse Informationen bekommt, hält sich am besten an Werke bzw. Autoren und Ausbildner, die sich schon mehrfach bewährt haben. In dieser Hinsicht sind Erfahrungen von Freunden und Bekannten, welche sich bereits länger mit der Spiritualität befassen, hilfreich. Aber auch im Internet findet man heute genügend Hinweise, die weiter helfen.

Wer will, kann sich nun Unmengen von Wissen über verschiedenste Teilbereiche der Spiritualität aneignen. Doch leider heisst das noch lange nicht, dass man damit eine Ahnung von der ganzen Sache hat. Will man dieses scheinbar Unfassbare nämlich wirklich kennenlernen, ist es zwingend, einen Schritt weiterzugehen. Um dies zu verstehen, muss man sich einmal mehr vergegenwärtigen, dass unser Denken linear und dreidimensional ist. Die spirituellen Bereiche betreffen aber eine höhere Dimension. Diese kann mit der Logik zwar umrissen, aber niemals ganz erfasst werden. Man muss also eine Möglichkeit entwickeln, das schwer Fassbare fassbar zu machen.

Wie bereits erwähnt wurde, helfen uns für diese spezielle Forschung auch die herkömmlichen Sinne leider nicht weiter, denn dieses „Unfassbare" kann man weder sehen, noch hören, riechen, ertasten, oder schmecken. Wie also komme ich mit dem gewünschten Objekt in Kontakt?

Hier können wir uns glücklicherweise auf die Erfahrungen anderer berufen. So unterschiedlich die Zugänge zur Spiritualität auch aussehen mögen, in diesem Punkt sind sich alle Vertreter sämtlicher Richtungen einig: dieses „Unfassbare" muss in uns selbst gesucht werden, in unserem Innern.

Erinnern wir uns an die Risotto-Olympiade: wir haben eine grosse Spannbreite an möglichen Variationen, zu einem wunderbaren Spitzenergebnis zu kommen. Ob wir mit einem Blechtopf kochen oder einer modernen Pfanne, ist dabei nicht wichtig. Allerdings sollte doch sichergestellt werden, dass die Qualität des benutzten Gegenstandes einwandfrei ist. Wenn der Blechkübel Löcher hat, habe ich Probleme. Ebenso sollte eine Hightech-Pfanne nicht verdorben sein, indem z.B. bereits mehrfach Speisen in ihr angebrannt und die entsprechenden Spuren nicht mehr wegzubringen sind. Der Vielfalt an Möglichkeiten in manchen Bereichen stehen Gegebenheiten in anderen Bereichen gegenüber, die zwingend beachtet werden müssen, damit ein Risotto entstehen kann, beispielsweise die Beigabe von Reis.

Offensichtlich gibt es viele verschiedene Wege, zu einem Verständnis des „Unfassbaren" zu gelangen. Wenn es aber darum geht, mit dieser Dimension konkret in Kontakt zu kommen, scheint es auch einige klare Gesetze zu geben wie eben die Notwendigkeit, sich nach innen zu wenden.

Nun brauchen wir Techniken, wie ein solcher Kontakt hergestellt werden kann. Auch hier gibt es erprobte Mittel. Obschon sie teilweise recht unterschiedlich sind, verfolgen sie alle das gleiche Ziel: da meine nach aussen gerichteten Sinne mich stets mit Informationen überhäufen, muss ich einen Weg finden, mich davon zu lösen. Sonst sind alle meine Wahrnehmungskanäle ständig „verstopft", mein Hirn von all den Reizen völlig in Beschlag genommen. Mittels Meditation, Yoga und anderen Techniken kann ich lernen, einen inneren Raum zu schaffen, der frei ist von diesen „Überschwemmungen". Hier besteht die Chance, Kontakt mit dem Gesuchten zu bekommen, das unter all den Sinneswahrnehmungen liegt. Dabei können allerdings plötzlich Körperempfindungen, Bilder oder anderes auftauchen, mit denen ich mich nicht auskenne und die ich nicht einordnen kann. Wie also vorgehen, dass ich mich da orientieren lerne?

Hierzu habe ich folgendes gelernt: In meiner Ausbildung zur Polarity-Therapeutin musste ich als erstes einen Weg finden, Energien wahrzunehmen. Am Anfang war ich sehr unsicher, was ich genau wahrnehme und wie ich dies zu deuten habe. Zur Hauptsache waren mir drei Kanäle zugänglich:

- Ich spürte in den Händen Zustände wie Wärme, Kälte und Prickeln.
- Ich sah Farben und Bilder.
- Mir kam einfach Information in den Kopf.

Da ich nicht auf Anhieb wusste, wie mit diesen Wahrnehmungen umzugehen, musste ich üben. Dabei begann ich langsam zu verstehen, WAS genau ich wahrnahm. Dafür glich ich meine Empfindungen, Bilder und Informationen stets mit dem Erleben des Klienten ab. So lernte ich langsam eine neue „Sprache". Meine Kenntnis der greifbaren Welt wurde nun erweitert durch die Möglichkeit, innere Welten der Klienten wahrzunehmen, also den ganzen Apparat, der ihr Befinde, ihr Handeln und ihre Vorstellungen massgeblich mitbeeinflusst. Damit war ich in der Lage, krankmachende Faktoren aufzudecken, sie dem Klienten bewusst zu machen und ihm zu helfen, sie zu verändern. Personen, die länger mit mir zusammenarbeiteten, lernten mit der Zeit, selbst diese tieferen Schichten zu erkennen und mit ihnen zu arbeiten.

Während der gesamten Zeit der Ausbildung zur Polarity-Therapeutin war ich froh, dass ich mich bei meinem Lernprozess auf die Stütze der Kursleiter verlassen konnte. Die meisten von ihnen waren schon seit vielen Jahren therapeutisch tätig. So konnten sie mir helfen, mich in dem ganzen neuen Material zurechtzufinden. Dennoch war es auch ein Prozess, der sehr viel Eigenarbeit erforderte, denn wie meine eigene Wahrnehmung funktioniert und wie ich sie einsetzen kann, das musste ich selbst herausfinden. Aber auch hier wurde ich stets ermutigt, einfach mir selbst und meinem Weg treu zu bleiben, da die ersten Resultate erfreulich waren.

An dieser Stelle drängt sich natürlich gleich eine Frage auf: weshalb kann ich für meine spirituelle Forschungsreise nicht auch einen Lehrer haben?

Leider ist dieses Thema in der westlichen Welt mit viel Skepsis verbunden. Das Wort „Guru", das an sich einfach einen spirituellen Lehrer bezeichnet, wurde gar zum Schimpfwort. Was in östlichen Kulturen gebräuchlich ist, erfährt im Westen viel Ablehnung. Wir neigen dazu, spirituelle Führer mit kruden Theorien, vollständiger Unterwerfung und kritikloser Abhängigkeit sowie sektenmässigen Bewegungen in Verbindung zu bringen. Bis zu einem gewissen Grad ist Vorsicht auch angebracht: bevor ich mich unter die Fittiche eines selbsternannten geistigen Lehrers begebe, der die Materie selbst nicht ausreichend beherrscht und mich somit möglicherweise auf falsche Wege führt, lasse ich lieber die Finger davon. Gelingt es mir aber, einen vertrauenswürdigen und menschlich reifen geistigen Führer zu finden, kann ich sehr profitieren.

8.6 Wozu ein spiritueller Lehrer dienlich ist

Aufgrund der vorangehenden Kapitel kannst du dir, lieber Leser, bereits ein gutes Bild machen, was es bedeutet, als Baby auf diese Erde zu kommen. Unsere Bezugspersonen helfen uns, einen Weg zu finden, mit den Gegebenheiten dieser Welt vertraut zu werden und uns ein eigenes Leben aufzubauen. Ohne eine umfassende Betreuung würde es schlecht um uns stehen. Wer sollte uns zeigen, was eine Kuh ist, welches Grünzeug man essen kann, wo Gefahren lauern und anderes mehr?

Wenn wir beginnen, die spirituelle Ebene zu erforschen, stehen wir eigentlich wieder an einem ähnlichen Punkt: uns öffnet sich eine Welt, in der wir uns nicht wirklich auskennen. Wollen wir sie verstehen lernen, müssen wir uns auf einen Entwicklungsprozess einlassen, der einiges von uns fordert. Darauf werde ich in Kapitel 8.8. noch genauer eingehen. Wie bereits im vorangehenden Kapitel erwähnt, wäre es in einer solchen Situation wirklich hilfreich, jemanden zu haben, der einen auf diesem Weg anleitet. Sicher gibt es Bücher und Kurse, die uns mit Informationen versehen. Diese können aber schlussendlich keine Lehrperson ersetzen, die den persönlichen Lernweg mitgestalten hilft und dafür sorgt, dass wir die neue Materie auch wirklich verstehen.

Was ist nun aber die konkrete Aufgabe eines solchen Mentors? Nehmen wir einmal an, ich mache erste konkrete Schritte und beginne zu meditieren. Obschon ich alles nach einer seriösen Anleitung mache, kann es sein, dass ich mich nach den ersten Versuchen sehr unsicher fühle, z.B. weil

a) ich nichts spüre;
b) meine Gedanken nicht zur Ruhe kommen;
c) ich Bilder sehe bzw. Empfindungen habe, die ich nicht einordnen kann;
d) Ängste auftauchen; etc.

Nun kann ich mich mithilfe von Büchern und Kursen schlau machen, bin aber nicht wirklich fähig zu beurteilen, ob die vorgeschlagenen Vorgehensweisen für meinen spezifischen Fall hilfreich sind. Möglicherweise beginne ich deshalb aufgrund eines sehr überzeugend wirkenden Buches lieber Mantras zu singen. Das sind heilige Silben, Worte oder Verse, die wiederholt rezitiert oder gesungen werden und dadurch eine günstige Wirkung auf den Praktizierenden ausüben. Wer sagt mir aber, welches Mantra mich wirklich weiter bringt und wie ich es genau singen muss? Zudem merke ich auf einmal, dass ich nach diesem Singsang immer sehr müde bin. Ist dies nun eine Folge der ungewohnten Tätigkeit, aber ein absolut normales Phänomen, oder mache ich etwas falsch? Weil ich eben gerade einen neuen Kurs besucht habe und mir ans Herz gelegt wurde, dass Meditation eine absolute Notwendigkeit ist, wenn man spirituell weiterkommen will, beginne ich vielleicht doch wieder mit entsprechenden Übungen. Doch plötzlich treten Schmerzen auf. Was passiert da mit mir? Sind dies Heilprozesse oder bin ich auf einen falschen Weg geraten?

Du siehst, lieber Leser, es ist gar nicht so einfach. Immerhin werden wir mit einem Gebiet konfrontiert, das für uns neu ist und über das wir keinen Überblick haben. So können wir uns folglich schwer darin orientieren. Jedes Buch und jeder Kurs gibt neue Ideen, das Internet schwappt über von Erfahrungsberichten, die sich teilweise widersprechen. Da ist guter Rat teuer.

Und genau hier setzt die Funktion eines Lehrers ein: er soll mir helfen, den richtigen Weg zu finden, so dass ich unbeschadet aus dem Gewirr der Informationsflut herausfinde und stattdessen einem solide aufgebauten Lehrgang folgen kann. Dabei ist die Aufgabe eines spirituellen Lehrers nicht ganz einfach, wie wir gleich sehen werden.

Begonnen habe ich meine Suche bekanntlich mit dem Wissen, dass es hier offensichtlich etwas zu erforschen gibt, das für mich interessant sein könnte, das möglicherweise sogar mit einem grossen Gewinn für mich verbunden ist. Die Sprache ist von tiefem Frieden und Glückseligkeit. Ob dem so ist, kann ich nur herausfinden, wenn ich diese neue Welt kennenlerne. Wie kann mir mein Lehrer dabei helfen? Um dies zu erörtern, machen wir am besten einen kurzen Umweg über unser Risotto-Beispiel und öffnen den Vorhang für eine neue Szene:

Zufälligerweise habe ich erfahren, dass es eine Speise namens Pilz-Risotto gibt, die absolut göttlich schmeckt. Wer sie einmal gekostet hat, wird sie ein Leben lang täglich begehren. Leider bin ich des Kochens völlig unkundig und weiss, dass es in meiner Umgebung niemanden gibt, der Pilz-Risotto kochen könnte. Von Neugierde getrieben beginne ich im Internet zu stöbern und finde auch allerlei Be-

schreibungen rund um Pilz-Risotto. So kann ich mir einiges an Wissen aneignen, das mich noch neugieriger macht. Dank den vielen Beschreibungen über den Geschmack dieses Gerichtes kann ich mir eine kleine Vorstellung davon kreieren. Aber eben: es ist nur eine Vorstellung. Wie es wirklich schmeckt, werde ich erst wissen, wenn ich einen Bissen dieser gelobten Speise im Mund haben werde. Dafür muss ich aber kochen lernen. Folglich beschliesse ich eines Tages, mich in diese Kunst einweihen zu lassen. Zu diesem Zweck mache ich mich auf die Suche nach einem Lehrer, der dieses Handwerk beherrscht und finde mit viel Glück schliesslich einen Meister, der auch bereit ist, mich als Schülerin anzunehmen.

Obschon mir mein Lehrer ohne weiteres ein bisschen Pilz-Risotto zum Kosten geben könnte, wird er sich vor diesem Schritt hüten. Er weiss sehr genau: wenn ich einmal davon gegessen habe, werde ich ein Leben lang unglücklich sein, wenn ich nicht täglich von dieser Speise zu essen bekomme. Dafür müsste ich aber in der Lage sein, sie selbst herzustellen. Somit ist es besser, wenn er mich gründlich schult und ich dann zu gegebener Zeit meinen eigenen Pilz-Risotto kochen kann.

Bevor die ersten Lektionen beginnen, muss mein Lehrer erfassen, was ich bereits mit mir bringe. Natürlich habe ich mich gut vorbereitet und nach besten Kräften alles eingepackt, was mir nützlich erschien: einen Topf, Messer, einen Gasherd, Reis, Pilze, Gewürze etc. Auch gelesen habe ich bereits eine Menge und einige Dinge schon ausprobiert.

Die Bestandsaufnahme meines Lehrers fällt trotz meiner Vorarbeit niederschmetternd aus. Eine lange Liste entsteht, was ich nun zu lernen habe. Hier ein Auszug:

   a) In meiner Sammlung von Gewürzen ist zwar vieles vorhanden, aber einiges ist unbrauchbar, vom anderen weiss ich nicht, wie ich es einsetzen muss.

   b) Der Topf ist zwar nicht gerade feudal, aber dienlich. Das Problem ist nur, dass ich nicht erkannt habe, dass ich genau mit diesem Gefäss eigentlich sehr gut arbeiten könnte, wenn ich bereit wäre, das schäbige Aussehen zu akzeptieren. Dieses

stört mich aber dermassen, dass ich mich gar nie darum bemüht habe, den Topf zu reinigen und zu erforschen, wie er eine gute Risotto-Pfanne abgeben könnte.
- c) *Ich habe viele Sorten Reis mitgenommen, schreibe ihnen aber falsche Eigenschaften zu, so dass ich nicht erkennen kann, welcher Reis mir für mein Ziel dienlich wäre.*
- d) *Ich habe kein Feuerzeug mitgebracht, weil ich mich weigere, ein so gefährliches Ding bei mir zu tragen. Damit kann ich aber den Herd nicht anfeuern.*

Übersetzung erwünscht? Gerne:
- a) *Ich habe verschiedene Fähigkeiten, kann damit aber nicht umgehen. Beispielsweise sehe ich viele innere Bilder, weiss aber nicht, was damit anfangen. Zudem habe ich vielleicht eine spezielle Begabung, das Wesen anderer Leute zu spüren. Weil ich aber Angst habe, dieses Wissen zu missbrauchen, andere möglicherweise auf eine ungute Art zu manipulieren, vermeide ich es tunlichst, diese Fähigkeit zuzulassen und weiter zu entwickeln.*
- b) *Mein körperlicher Zustand ist eher schlecht. Das erachte ich als hinderlich für mein spirituelles Weiterkommen. Ich bilde mir nämlich ein, dass ich wahrscheinlich alles falsch gemacht habe und falsch mache und deshalb gesundheitlich so angeschlagen bin. Folglich bin ich wohl nicht besonders fähig, mit den geistigen Ebenen zu arbeiten. Mir ist es unmöglich zu erkennen, dass ich alle Voraussetzungen in mir trage, einen wundervollen spirituellen Weg zu gehen.*
- c) *Weil ich gelesen habe, dass man unbedingt meditieren muss, wenn man auf dem spirituellen Weg weiter kommen will, mache ich dies mit Inbrunst. Leider kann ich nicht erkennen, dass die Arbeit mit Mantras in meinem spezifischen Fall sehr viel effizienter wäre. Und wenn ich doch einmal ein Mantra rezitiere, nehme ich erst noch ein ungeeignetes und betone es falsch.*

d) Ich habe eine grosse Angst, gewisse Energien in mir zuzulassen. Es sind Bereiche, in denen ich traumatisiert bin und die ich in der Folge abgespalten habe, da sie absolut bedrohlich wirken.

Diese Liste könnte natürlich beliebig verlängert werden, aber ich denke, sie gibt eine gute Idee davon, was mein Meister bei meiner Schulung alles bedenken muss. Leider gibt es noch ein weiteres Problem, mit dem ich ihn täglich konfrontiere: ich trage gewisse Überzeugungen in mir, an denen ich hartnäckig festhalte, z.B.

a) Feuerzeuge sind so gefährlich, dass es unmöglich ist, mit ihnen richtig umzugehen. Leider habe ich übersehen, dass ich deshalb ein grundlegendes Problem habe: mein Herd bleibt kalt.

b) Ein guter Reis muss schneeweiss sein, alles andere ist irgendwie unrein, womit mein Risotto qualitativ minderwertig wäre. Mir ist leider nicht bewusst, dass es bei meinem mitgebrachten Reis eine gelbliche Sorte gibt, die eine sehr seltene und begehrte Delikatesse ist und sich für den Pilz-Risotto hervorragend eignet.

c) Ich schleppe einen Riesenkoffer an Büchern rund um Pilz-Risotto mit mir. Es entspricht meinem Charakter, dass ich alles über ein Thema wissen will, bevor ich aktiv werde. Das gibt mir ein Gefühl von Sicherheit. Weil ich von der Materie aber noch nichts verstehe, sind leider viele unbrauchbare Bücher dabei, die teilweise falsche oder irreführende Informationen beinhalten.

Hier eine mögliche Übersetzung:
a) Ich bin überzeugt davon, dass meine sexuellen Energien für den spirituellen Prozess absolut hinderlich sind. Am besten „beherrsche" ich sie, folglich verdränge ich diese Gefühle. Damit spalte ich sie aber leider ab. So kann ich nie erkennen, dass sie in einer umgewandelten Form ein kraftvolles Mittel wären, meine Spiritualität zu vertiefen.

b) *Ich bin davon überzeugt, dass der Besitz von Geld sich nicht mit spirituellem Fortschritt vereinbaren lässt. Ich kann mich so nicht von weltlichen Begehrlichkeiten befreien, kann damit innerlich nicht rein werden. Mit dieser Idee mache ich gleich zwei grundlegende Fehler: zum einen geht es nicht darum, Geld zu haben oder nicht zu haben, sondern um die innere Anhaftung an das Geld. Das bedeutet, dass ich nicht mein Glück und mein inneres Wohlergehen vom Besitz des Geldes abhängig machen soll. Ich verstehe also nicht, worauf es bei meiner spirituellen Aktivität wirklich ankommt und arbeite somit in einer falschen Art und Weise an mir. Zum andern komme ich wegen meiner irrigen Ansicht leider nicht auf die Idee, meine grosse Begabung im Umgang mit Geld zu nutzen, einen Betrag zusammen zu sparen und dann mit dem Vermögen eine Stiftung zu errichten. So verpasse ich es, meine Spiritualität schlussendlich im Leben selbst wirksam werden zu lassen und bleibe an der Theorie kleben.*

c) *Spiritualität ist ein grosses Gebiet. Deshalb will ich zuerst einen vollständigen Überblick haben, bevor ich Schritte unternehme, die mich im dümmsten Fall in Schwierigkeiten bringen könnten. Dieser Gedanke ist bis zu einem gewissen Grad richtig, aber irgendeinmal muss ich mir einen Ruck geben und aktiv werden, also in die Erfahrung gehen (z.B. mittels Meditation, Mantras rezitieren etc.). Sonst besteht nie eine Möglichkeit, mit dem „Unfassbaren" in einen Kontakt zu treten, denn mit dem Denken kann ich es höchstens umfassen, aber niemals begreifen. Zudem gibt es so unglaublich viel Literatur über Spiritualität, dass ich ein ganzes Leben mit Lesen verbringen könnte, am Ende jedoch immer noch keinen wirklichen Überblick über das Gebiet hätte.*

Ich denke, das vermittelt ungefähr eine Idee, womit sich mein Lehrer befassen muss. Doch diese Auflistung ist nur die Spitze eines riesigen Eisbergs. Das Ganze ist noch viel komplizierter, wie sich in Kapitel

8.8. zeigen wird. Mein Mentor steht folglich vor grossen Herausforderungen, wenn er mich schulen will.

Aber auch ich stehe vor einer Herausforderung, wenn ich mich für die Arbeit mit einem spirituellen Lehrer entscheide: jetzt muss ich nämlich erst einmal einen finden.

8.7 Die Wahl eines spirituellen Lehrers

Nun stehe ich also vor der Frage: wie und wo finde ich einen passenden Mentor? Für uns Menschen im Westen ist dies insofern ein Problem, als wir in unserer Kultur für solche Schulungssysteme keine Tradition kennen. Deshalb sind entsprechende Einrichtungen auch kaum auffindbar. So beginnen viele Christen, sich in andere Religionen hinein zu orientieren, weil sie dort bessere Anleitungen für einen spirituellen Weg finden. Doch schon innerhalb des Buddhismus oder Hinduismus treffen sie auf unzählige Varianten, was sehr verwirrend sein kann. Umso wichtiger ist es, all die Bewegungen kritisch zu betrachten. Vieles, was auf den ersten Blick attraktiv wirkt, entpuppt sich bei genauerer Analyse als unbrauchbar.

Erinnern wir uns an die Risotto-Olympiade: derjenige Koch, der mit dem modernsten Geschirr antritt, ist nicht unbedingt der beste. Möglicherweise kennt er viele wichtige Aspekte nicht, die zu einem wirklich perfekten Risotto führen. Dem gegenüber könnte der Wüstenmann mit seiner rudimentären Ausstattung ein riesiges Wissen in sich tragen, mit dem er ein Gericht zu zaubern vermag, das unvergleichlich gut schmeckt. Wie kann ich dies aber erkennen?

Zusätzlich muss ich folgendes überlegen: Zwar habe ich mittlerweile erkannt, dass es verschiedene Möglichkeiten gibt, zu einem herausragenden Risotto zu kommen. Dennoch stellt sich die Frage: gibt es aufgrund meiner eigenen Konstellation (Begabungen, Neigungen etc.) einen Weg, der für mich vorteilhaft ist? Fühle ich mich vielleicht einer bestimmten Tradition besonders verbunden, so dass mir die entsprechenden Gegebenheiten einen Vorteil für meinen Lernprozess verschaffen? Es könnte ja sein, dass der Anblick des italienischen Kochs mein Herz höher schlagen lässt und mir sein Wesen und seine Küche sofort sympathisch erscheinen.

Um schliesslich zu einer guten Wahl zu kommen, sollten wir uns also die Zeit nehmen, all diese Argumente gut zu studieren und uns umfassend zu informieren. Ziel wäre es, uns einem Lehrer anzuschliessen, der uns persönlich anspricht, der gleichzeitig aber auch über das nötige Wissen verfügt und pädagogisch einigermassen kompetent ist. In der Folge liste ich einige Punkte auf, die helfen können, sich ein klares Bild zu verschaffen, wer sich für unser Anliegen eignet:

- Die Lehrperson muss glaubhaft wirken und uns Sicherheit vermitteln.
- Sie muss erkennen, wo wir stehen, was wir schon können, wo wir Lücken haben und anderes mehr.
- Sie muss erkennen, auf welchen Lernkanälen wir speziell gut erreichbar sind (beim Faktenlernen gibt es Menschen, die besser über das Auge memorieren können, andere erbringen bessere Leistungen über das Gehör oder die Bewegung. Beim spirituellen Lernen sind zusätzliche Kanäle von Bedeutung).
- Sie muss fähig sein, ihre Lerneinheiten so an unsere Bedürfnisse anzupassen, dass unsere begrifflichen Grundlagen ausreichend sind, um sie zu verstehen.
- Sie muss zudem die Lerneinheiten möglichst in einer Form bringen, dass wir unsere bevorzugten Lernkanäle nutzen können.
- Sie muss Begabungen erkennen und diese gezielt fördern.
- Sie muss Übungsmaterial zur Verfügung stellen, das vielfältig und an uns angepasst ist.
- Sie muss Geduld haben, aber auch streng und fordernd sein, wenn dies notwendig ist.

Das ist eine lange Liste, die hohe Ansprüche setzt. Und es gibt noch mehr Punkte, die man beachten sollte: da wir uns in einen Bereich begeben, in dem wir sehr unbewandert sind, können wir besonders am Anfang oft nicht unterscheiden, wer nun wirklich ein Experte und wer ein Blender ist. Wer sich also in spirituelle Welten begeben will, sollte folgende Kriterien beachten:

- Man schaue sich einmal in der „Klasse" der Lehrperson, also bei den Schülern, um: sind die Resultate überzeugend? Konkret: stehen diese Leute mit beiden Beinen im Leben oder wirken sie abgehoben und befremdend? Sind sie lebensoffen oder zeigen sich Spuren von Fanatismus? Entsprechen sie meiner Vorstellung von einer gewissen spirituellen Reife? Sind sie frei darin, ihr Leben zu gestalten (eigene Entscheidungen zu treffen, die Gruppe zu verlassen, in einer Partnerschaft zu leben etc.)?
- Schult diese Lehrperson wirklich in einer Form, in der das aufgebaute Weltbild und Leben des Schülers Ausgangspunkt für eine Erweiterung SEINES INDIVIDUELLEN SEINS bildet? Oder muss der Schüler ein vorgefertigtes Bild übernehmen und seine eigenen Qualitäten und Eigenheiten verleugnen?
- Sind die Botschaften der Lehrperson kompatibel mit dem bereits vorhandenen Wissen im spirituellen Bereich, wie es auch von grossen Mystikern gelehrt wird? Sind sie verständlich und logisch?

Und schliesslich gibt es speziell im spirituellen Bereich noch einen weiteren Punkt zu beachten:
- Was lebt die Lehrperson ihren Schülern vor? Setzt sie selbst um, was sie predigt?

8.8 Was den Suchenden auf dem spirituellen Pfad erwartet

Wenn wir also schliesslich einen erprobten Mentor gefunden haben, beginnt die eigentliche Schulung. Und jetzt wird es spannend, denn diese hat ihre Tücken. Doch dazu muss ich etwas ausholen:

Während unserer Entwicklung zur erwachsenen Person haben wir uns eine gewisse Identität (Ego) aufgebaut: wir haben ein Gefühl dafür gewonnen, wer wir sind. Dieses ICH setzt sich zusammen aus einer Körperwahrnehmung, inneren Überzeugungen, Begabungen, Unzulänglichkeiten und anderes. So werden wir für uns selbst sozusagen berechenbar: wir wissen, wie wir auf was reagieren, was wir können und was wir nicht können. Entsprechend richten wir uns unser Leben ein.

Um dies besser zu verstehen, können wir u.a. auf die Erläuterungen von Kapitel 1 zurückgreifen, in denen der Begriffsaufbau erklärt wurde: So, wie wir unser Weltbild aufbauen, bauen wir im Wesentlichen nämlich auch unsere Identität auf. Sie entsteht aus einer Sammlung von gewissen Gegebenheiten und Erfahrungen. Gegeben sind u.a. genetische Faktoren sowie die Umgebung, in der wir aufwachsen. Erfahrungen betreffen sämtliche Eindrücke, die von der Zeugung an auf uns einwirken. Wie wir gesehen haben, werden wir nicht immer nur mit aufbauenden Faktoren konfrontiert, sondern auch mit solchen, die tiefe Spuren des Schreckens in uns hinterlassen. Dazu kommt, dass wir Traumen der Mutter, aber auch das ganze Weltbild der Eltern in vielen Teilen übernehmen, weil wir bereits als Fötus erleben, dass in bestimmten Situationen immer bestimmte Reaktionen erfolgen. So lernen wir, was offensichtlich bedrohlich oder aber freudvoll ist. Wir können jedoch auch durch Erfahrungen geprägt werden, die sich tief in uns eingraben, weil sie unser bisheriges Weltbild stark erschüttern. Im Prinzip dreht sich unsere ganze Entwicklung ständig rund um solche Einwirkungen: eine gewisse Anpassung an die Gegebenheiten ist überlebensnotwendig. Dabei suchen wir Wege, potentielle Gefahren zu kontrollieren sowie potentielles Glück anzustreben.

Neben den Strategien, die wir aufgrund der verschiedenen Einwirkungen und unserem Streben nach Sicherheit und Glück entwickeln, wird unsere Identität aber auch durch unsere Verbindung mit der Seelenebene gespiesen. Wir nehmen zwar zur Kenntnis, dass wir gemäss Religionen und spirituellen Aussagen eine Seele haben bzw. sind, aber wir schenken diesem Aspekt leider nicht viel Beachtung. Dies kommt vorwiegend daher, dass wir nicht unterscheiden können, was von unserem Identitätsgefühl Teil des aufgebauten Konstrukts und was Teil der Seelenebene ist. Wenn wir aber entdecken wollen, wer wir sind, müssen wir genau diesen feinstofflichen Teil identifizieren lernen, denn sämtliche spirituelle Quellen lehren uns, dass wir offensichtlich nicht das sind, was wir zu sein glauben, nämlich das Konstrukt. Somit müssen wir irgendwie zu einer Erfahrung kommen, die uns dieses Feinstoffliche erlebbar macht.

Ein wichtiger Schritt in diesem Lernprozess sind Einsichten darüber, was wir NICHT wirklich sind. Damit wird deutlich, wie der spirituelle Weg aussehen sollte: wir sind aufgefordert, unsere aufgebaute Identität Stück für Stück abzuarbeiten. Dabei müssen alle Bestandteile des Konstrukts entlarvt werden. Wir müssen folglich alle Anschauungen und Handlungsmuster erkennen, die ihren Ursprung in übernommenen falschen Weltbildern haben bzw. in Weltbildern, die durch Traumen und andere erschreckende Momente verzerrt wurden, überarbeiten und aussortieren. Und hier liegt das grosse Problem:

Wie wir gesehen haben, geben uns unsere vertrauten Weltbilder ein gewisses Gefühl von Sicherheit. Ebenso haben wir in unserer Entwicklung Strategien für die Lebensbewältigung aufgebaut, die uns gewährleisten sollen, dass wir Gefahren vermeiden und Glück erfahren können. All diese Muster sind so tief in uns eingegraben, dass wir uns voll und ganz mit ihnen identifizieren. Wollen wir nun an solchen eingebrannten Spuren rütteln, fühlen wir uns bedroht. Sind diese Spuren zudem mit einem Trauma verbunden, reagiert unser Körper in der Regel so heftig, als wäre unser Überleben nicht mehr gesichert. Wenn wir aber wirklich erfahren wollen, wer wir in Wahrheit sind – was immer das schlussendlich sein mag – müssen wir uns diesem Prozess stellen. Wir müssen Verunsicherung zulassen und sogar dann noch Wege finden, wenn wir uns in unserem Sein bedroht fühlen. Das ist wahrhaftig keine einfache Sache und viele scheitern auf diesem Weg. Sie unterschätzen die Reaktionen des Körpers und der Psyche, wenn mit untauglichen Mitteln versucht wird, sich innerer Irrtümer zu entledigen bzw. Ego zu überwinden. Um das innere Gleichgewicht zu erhalten, hat der Körper nämlich etliche Strategien. Zwei davon können äusserst hinderlich sein und sind wohl bekannt:

Versuchen wir beispielsweise, mittels Kraftakt ein Verhalten zu verändern, das wir als eine hinderliche gelernte Reaktion entlarvt haben, kann dies sehr erfolgsversprechend beginnen. Doch oh Schreck: irgendwann werden wir wahrscheinlich feststellen, dass wir wieder am Ausgangspunkt angelangt sind, wenn nicht sogar noch schlimmer. Wir kennen dieses Phänomen vom Abnehmen und nennen es Jo-Jo-Effekt. Das Spielchen kann sich aber auch subtiler abwickeln: haben wir ein Verhaltensmuster an denjenigen Orten unter Kontrolle, die wir intensiv bearbeitet haben, kann es sich – ohne dass uns dies bewusst wird – in einen anderen Bereich hineinschmuggeln. Auch dieses Phänomen ist bekannt, und zwar als Symptomverlagerung. So kann es sein, dass wir zwar erfolgreich abnehmen, aber seither mit den Nerven grosse Schwierigkeiten haben. Möglicherweise wurde die Fettschicht nämlich als Schutz vor der Welt aufgebaut, die bedrohlich wirkte. Ist dieser Schutz weg, fühlen wir uns dem Leben plötzlich völlig ausgeliefert. Alles geht uns zu Herzen und wirkt auf einmal erdrückend. Wir sind dann zwar nicht mehr dick, dafür geraten Nervensystem und Psyche aus dem Gleichgewicht.

Wollen wir also wirklich aufräumen, bleibt uns nichts anderes übrig, als dies schrittchenweise zu tun, wie es in Kapitel 7 im Zusammenhang mit Traumen erklärt wurde.

Um all die beschriebenen Mechanismen zu veranschaulichen, folgt hier ein Beispiel aus meinem eigenen Leben.

8.9 Beispiel aus meinem Leben

Weil ich bereits nach der Zeugung in eine Situation kam, in der ich mich meines Lebens nicht mehr sicher fühlte, geriet mein ganzes System in einen „Kampfmodus". Somit trage ich sozusagen eine eingebrannte Spur in meinem Körper: „wenn du nicht das Risiko eingehen willst, eines Tages von einer feindlichen Kraft aus dem Leben gefegt zu werden, musst du

a) wachsam sein;
b) schneller in der Reaktion sein als ein potentieller Gegner;
c) kämpfen."

Dieses Muster wurde durch weitere Erfahrungen nach der Geburt ergänzt. U.a. merkte ich, dass ich mich bei Problemen nicht in die schützende Geborgenheit der Eltern fallen lassen konnte. Sie waren nicht in der Lage, so auf mich einzugehen, dass sie mich auffangen und ein Gefühl der Sicherheit zu vermitteln vermochten. Wenn ich also vermeiden wollte, dass mich etwas Bedrohliches möglicherweise verschlingen würde, musste ich selbst eine Lösung finden.

Nun kam der Zeitpunkt, dass ich zu erkennen begann, dass ich mir mit meinem ständigen Kampf selbst im Weg stand. Er raubte mir Unmengen an Energie, die mir langsam zu fehlen begann. Gleichzeitig war es mir aber unmöglich, diesen problematischen Weg zu verlassen und vertrauensvoll auf einen anderen einzuschwenken. Damit dies möglich gewesen wäre, hätte ich zuerst vom Alten loslassen müssen. Da sass aber diese tiefe Angst, dass ich beim Loslassen nicht wirklich gehalten würde. Somit konnte mich bedrohlich Wirkendes in seinen offenen, feurigen Schlund reissen, was möglicherweise meinen Untergang bedeuten würde. Also gab es keinen Ausweg: ich musste in meiner Spur bleiben und weiter kämpfen. Versuchte ich, diesen Kampf in einzelnen Lebensbereichen zu reduzieren, tauchte er mit grosser Sicherheit einfach in einem anderen wieder auf, manchmal mit scheinbar doppelter Wucht. Ich konnte machen, was ich wollte, alles in mir war auf Kampf programmiert. Stressten mich nicht Situationen, schaffte ich es, mich selbst mit meinen eigenen Ansprüchen unter Druck zu setzen. Neben diesen beiden Mustern gab es noch unzählige weitere, die meine Situation verschärften. Ich war einfach unfähig, ein ruhiges Leben zu führen, das mit weniger Energie zu besseren Ergebnissen hätte führen können. Ich befand mich also in einer verzweifelten Lage.

Es gab einige Menschen in meiner Geschichte, die mir zu helfen versuchten, aber bei allen kam ich an einen Punkt, wo ich merkte, dass ich nicht mehr weiter kam. Weshalb dem so war, konnte ich mir nicht erklären, ich spürte es einfach.

Heute weiss ich den Grund: keine dieser Personen konnte mich dorthin führen, wo ich hin wollte. Mein ganzes Sehnen kannte nämlich nur ein Ziel: meine Seelenheimat bzw. die Geistige Welt. Damit musste ich meine Irrtümer aber so tiefgreifend bearbeiten, dass ich sie effektiv aus meinen Zellen herauslösen konnte. Wie sollte das geschehen, wenn alles in mir bei entsprechenden Versuchen mit Panik reagierte? Hier musste ich jemanden haben, der sich in solchen Bereichen wirklich auskannte. Eine solche Kompetenz habe ich noch nie bei einem Therapeuten gefunden.

Erst als ich meinen Lehrer Swamiji fand, öffnete sich mir die Möglichkeit, meine innere Vision umzusetzen. Doch diese Geschichte habe ich bereits im ersten Büchlein „Gute Reise, liebes Seelenkind" aufgeschrieben. In einem dritten Band werde ich noch einmal darauf zurückkommen. Dort werde ich detailliert beschreiben, welche Schulung ich durch meinen wunderbaren Seelenvater erhalte. Dort soll auch gezeigt werden, wie ein Weg aussehen kann, der eine so tiefe Wandlung möglich macht. Zuvor möchte ich aber Grundlagen schaffen, die ein Verständnis dieser Ausführungen zulassen werden. Deshalb erläutere ich in der Folge kurz, welche Kernpunkte ein Heilungsweg beinhalten sollte.

8.10 Kernpunkte eines Heilungswegs

Um es gleich vorwegzunehmen: die Inhalte dieses Kapitels sollen lediglich einen kleinen Überblick geben. Wie ein solcher Weg im Einzelnen aussehen kann, wird Gegenstand von Band 3 sein.

Damit es mir überhaupt möglich ist, mich auf einen spirituellen Lehrer einzulassen, muss ich eine Beziehung zu ihm schaffen. Diese sollte schliesslich gewährleisten, dass ich mich gut aufgehoben und sicher fühle. Dafür ist der Aufbau von Vertrauen unumgänglich.

Als Nächstes möchte ich gerne wissen, was ich genau machen muss bzw. was mich auf diesem Weg erwartet, den mich mein Lehrer führen will. Hier ist also Information notwendig. Je präziser sie ist, umso sicherer werde ich mich fühlen. Allerdings braucht der Lehrer dazu bestimmte Fähigkeiten: er muss erkennen, was ich schon weiss, wo ich fehlerhaftes Wissen aufgebaut habe und wo ich noch weiteres Wissen benötige. Letzteres muss er mir dann in einer Form bringen, die ich mit meinen bereits aufgebauten begrifflichen Strukturen verarbeiten kann, womit ein Verständnis möglich wird.

Nun erfolgt ein sehr wichtiger Punkt: ich muss Ressourcen aufbauen. Was bedeutet dies genau? In mir gibt es Bereiche und Kräfte, die meinen Heilungsweg stützen, aber auch Bereiche, welche mit aller Kraft versuchen werden, ihn zu sabotieren. Zu Letzterem habe ich mich bereits ausführlich geäussert: es sind falsche Weltbilder und Ängste, die ich mir im Laufe meiner Entwicklung erworben habe. Mein Lehrer muss nun also darauf achten, dass ich gegenüber meinem geplanten nächsten Schritt positive Gefühle entfalten kann. Teilweise kann er dies mit Wissensvermittlung erreichen, teilweise muss er aber zu Instrumenten greifen, die direkt in meiner Gefühlswelt wirksam werden. Dies ist u.a. durch Aufgaben wie Meditation, Yoga, Singen von Mantras, vorübergehendes Fasten, Gebete etc. möglich. Erst wenn ich genügend Ressourcen aufgebaut habe, wird mir ein guter Lehrer zu einem Schritt verhelfen, der mich meiner Seelenebene ein Stückchen näher bringt. Wenn er diesen Moment nicht trifft, werde ich ziemlich sicher Misserfolg haben, einen Jo-Jo-Effekt oder eine Symptomverlagerung erleben. Damit wird aber mein Vertrauen in meinen Lehrer einen herben Kratzer bekommen, was eine weitere konstruktive Zusammenarbeit sogar verunmöglichen kann.

Wenn ich endlich den ersehnten Schritt zu einem besseren Zustand machen darf, sind die Probleme damit leider nicht erledigt. Teilweise fangen sie erst richtig an. Es kann nämlich sein, dass plötzlich ein inneres Chaos ausbricht. Tiefste Schichten in mir sind umgepolt, die aber einen wichtigen Teil meines Identitätsgefühls ausmachen. Dies kann mich sehr verunsichern. Zudem kann es geschehen, dass ich plötzlich eine Wut darauf entwickle, wie sehr ich mir bisher mein Leben durch andere Menschen und Situationen vermiesen liess. Bei diesem Punkt muss ich aufpassen, dass ich nicht in eine Überreaktion gerate und auf einmal mit viel Wucht alles auf den Kopf zu stellen beginne, was bisher in meinem Leben gültig war. Es braucht ein bisschen Zeit, bis die frei gewordenen Energien und die neuen Einsichten von meinem System soweit integriert sind, dass ich sie in einer sinnvollen Art und Weise umzusetzen weiss. Erst, wenn ich dies bewältigt und den „Sprung verdaut" habe, kann ein nächster Schritt in Angriff genommen werden.

Diese Ausführungen beschreiben lediglich das grobe Gerüst eines Prozesses. Sie helfen aber, die Orientierung zu behalten, auch wenn es im Leben ein bisschen turbulent zu und her geht. Zudem erlebt jeder den Ablauf in seiner ganz eigenen Art und Weise. Je nach Konstellation der Person und Inhalt des Lernschrittes haben wir an unterschiedlichen Stellen mehr oder weniger Schwierigkeiten. Mit der Zeit kennt man sich dann aber gut genug, dass man abzuschätzen vermag, wo Probleme auftauchen und wie man sich entsprechend wappnen kann.

8.11 Ausblick

Kritische Leser werden mich nun fragen, was die Darstellung eines „normalen" Heilungswegs mit Spiritualität zu tun hat. Meine Antwort lautet: ist denn der spirituelle Weg etwas anderes als ein Heilungsweg? Müssen wir uns nicht von allerlei Irrtümern befreien, welche uns weismachen wollen, dass wir mickrige Menschlein sind, die nach einer kurzen Lebensspanne das Kampffeld verlassen und möglicherweise in einen Himmel eintreten, in dem wir mit den gleichen Eigenschaften ausgestattet plötzlich viel weiser sein sollen? Das Problem des spirituellen Weges ist nur, dass wir uns in einen Bereich hinein entwickeln müssen, in dem wir uns nicht auskennen. Diese andere Welt funktioniert nach Gesetzen, die uns noch nicht klar sind. Wie soll ich sie erfassen lernen, wenn meine Instrumente, die für meinen Alltag dienlich sein mögen (u.a. die Sinneswahrnehmungen), hier nicht mehr ausreichen? Wer kann mir zeigen, wie ich trotzdem ein Zipfelchen von diesem Anderen zu erfassen vermag? Was werde ich sehen, erfahren, erleben, wenn ich mit diesem Anderen in Berührung komme?

Solange wir etwas nicht wirklich wissen, bleibt viel Raum für Spekulationen. Wenn wir diese klären wollen, müssen wir uns auf den Weg machen und unseren Horizont erweitern.

Ich weiss, hier lasse ich dich, lieber Leser im Regen stehen. Du möchtest jetzt mehr und konkretere Informationen zu all dem haben, was hier angeschnitten wurde. Aber Geduld: im dritten Band werde ich das gewobene Gerüst mit Inhalt füllen. Meine eigenen Erfahrungen werden dazu das Material liefern.

Übrigens: Geduld ist wohl eine der wichtigsten Tugenden auf dem spirituellen Weg! Also beginnen wir doch gleich, sie zu üben. Bis hoffentlich bald, bei einem Wiedersehen in Band drei.

Anhang

A. Literaturverzeichnis

Levine Peter A. (1998). *Trauma Heilung*. Synthesis Verlag: Essen.
Piaget Jean. Verschiedene, heute zumeist vergriffene Werke.
Szagun Gisela (1995). *Bedeutungsentwicklung beim Kind*. Vergriffen.
Szagun Gisela (2013). *Sprachentwicklung beim Kind*. Beltz Verlag: Weinheim, Basel.
Sarasin Susanna (2016). *Die Kraft des Fokus*. BoD: Norderstedt.
Sarasin Susanna (2015). *Erinnere dich an deine Heimat, liebes Seelenkind.* BoD: Norderstedt.
Sarasin Susanna (2016). *Gute Reise, liebes Seelenkind*. BoD: Norderstedt.

B. Bände 1, 3 und 4

Gute Reise, liebes Seelenkind. Band 1
Wer bin ich?
Wer bist du?
Weisst du vielleicht eine Antwort auf diese Fragen? Dann weisst du mehr als ich. Aber ich lerne täglich unter der Obhut meines geliebten Lehrers Sri Ganapathi Sachchidananda Swamiji. Eines Tages kann ich vielleicht sagen: Jetzt habe ich es begriffen. Bis dann gehe ich unbeirrt meinen Weg und teile das, was ich schon weiss, mit denen, die es hören wollen. Du bist herzlich eingeladen, mich ein Stück weit auf meinem Lebensweg zu begleiten und an meinen Erkenntnissen teil zu haben. Dabei wirst du ziemlich sicher Parallelen in deinem Leben finden und dadurch die eigene Geschichte besser verstehen lernen.

ISBN: 978-3-7412-4073-7

Erinnere dich an deine Heimat, liebes Seelenkind. Band 3
Woher komme ich? Wohin gehe ich nach dem Tod?
  Wenn ich das wüsste, wäre mir um einiges klarer, wer ich in Wirklichkeit bin.
  Ausgangspunkt von Band 3 dieser Bücherreihe ist wiederum meine eigene Geschichte. Die Suche nach Antworten trieb mich stetig voran. Meine Erlebnisse und die daraus erfolgenden Einsichten führten zu immer mehr Erkenntnissen.
  Indem du, lieber Leser, mich auf meinem Weg begleitest, lernst du gleichzeitig viel von deiner eigenen Geschichte verstehen. Zudem bekommst du Einblicke in Dimensionen, die dir möglicherweise neu sind. Einerseits erhältst du also Antworten auf eigene Fragen, andererseits wird dieses Buch auch neue Fragen aufwerfen. Ich hoffe, du bist am Schluss der Lektüre motiviert, deine eigene Forschungsreise mit viel Neugierde fortzusetzen.

ISBN: 978-3-7386-2766-4

Die Kraft des Fokus. Band 4
Was kann ich tun, damit mein Leben besser funktioniert? Wie muss ich vorgehen, dass ich meine Ziele realisieren kann?

Wenn ich etwas erschaffen will, muss ich zuerst herausfinden, welche Mechanismen dem Ganzen überhaupt zugrunde liegen. Dies ist unter anderem die Aufgabe der Wissenschaft. Aufgrund der gewonnenen Erkenntnisse lassen sich dann Wege finden, Probleme zu lösen und gegebenenfalls neue Produkte zu entwickeln.

In Band 4 der Bücherreihe begeben wir uns deshalb auf eine Studieneise und untersuchen ein wichtiges Lebensprinzip, nämlich *die Kraft des Fokus*. Diese ist unmittelbar mit dem *Filterprinzip* verbunden, weshalb auch dieses diskutiert wird. Aus den beiden Mechanismen leiten wir wichtige Lebensgrundsätze ab. Diese helfen den Lesern zu überprüfen, ob ihre eigenen Lebensstrategien konstruktiv sind.

ISBN: 978-3-8370-1059-6